江西财经大学财税与公共管理学院
财税文库

中国地方政府债务
运行机制实证研究

徐文芸　著

中国财经出版传媒集团
经济科学出版社
Economic Science Press

图书在版编目（CIP）数据

中国地方政府债务运行机制实证研究/徐文芸著.
—北京：经济科学出版社，2022.9
ISBN 978－7－5218－4072－8

Ⅰ.①中… Ⅱ.①徐… Ⅲ.①地方财政-债务管理-
研究-中国 Ⅳ.①F812.7

中国版本图书馆 CIP 数据核字（2022）第 182290 号

责任编辑：顾瑞兰
责任校对：王苗苗
责任印制：邱　天

中国地方政府债务运行机制实证研究

ZHONGGUO DIFANG ZHENGFU ZHAIWU YUNXING JIZHI SHIZHENG YANJIU

徐文芸　著

经济科学出版社出版、发行　新华书店经销
社址：北京市海淀区阜成路甲 28 号　邮编：100142
总编部电话：010-88191217　发行部电话：010-88191522
网址：www. esp. com. cn
电子邮箱：esp@ esp. com. cn
天猫网店：经济科学出版社旗舰店
网址：http：//jjkxcbs. tmall. com
固安华明印业有限公司印装
710×1000　16 开　10.5 印张　180000 字
2023 年 1 月第 1 版　2023 年 1 月第 1 次印刷
ISBN 978－7－5218－4072－8　定价：59.00 元
（图书出现印装问题，本社负责调换。电话：010－88191510）
（版权所有　侵权必究　打击盗版　举报热线：010－88191661
QQ：2242791300　营销中心电话：010－88191537
电子邮箱：dbts@ esp. com. cn）

总　序

习近平总书记在哲学社会科学工作座谈会上指出，一个国家的发展水平，既取决于自然科学发展水平，也取决于哲学社会科学发展水平。坚持和发展中国特色社会主义，需要不断在理论和实践上进行探索，用发展着的理论指导发展着的实践。在这个过程中，哲学社会科学具有不可替代的重要地位，哲学社会科学工作者具有不可替代的重要作用。

习近平新时代中国特色社会主义思想，为我国哲学社会科学的发展提供了理论指南。党的十九大宣告："经过长期努力，中国特色社会主义进入了新时代，这是我国发展新的历史方位。"中国特色社会主义进入新时代，意味着近代以来久经磨难的中华民族迎来了从站起来、富起来到强起来的伟大飞跃。新时代是中国特色社会主义承前启后、继往开来的时代，是全面建成小康社会、进而全面建设社会主义现代化强国的时代，是中国人民过上更加美好生活、实现共同富裕的时代。

江西财经大学历来重视哲学社会科学研究，尤其是在经济学和管理学领域投入了大量的研究力量，取得了丰硕的研究成果。财税与公共管理学院是江西财经大学办学历史较为悠久的学院，学院最早可追溯至江西省立商业学校（1923年）财政信贷科，历经近百年的积淀和传承，现已形成应用经济和公共管理比翼齐飞的学科发展格局。教师是办学之基、学院之本。近年来，该学院科研成果丰硕，学科优势凸显，已培育出一支创新能力强、学术水平高的教学科研队伍。正因为有了一支敬业勤业精业、求真求实求新的教师队伍，在教育与学术研究领域勤于耕耘、勇于探索，形成了一批高质量、经受得住历史检验的成果，学院的事业发展才有了强大的根基。

为增进学术交流，财税与公共管理学院推出面向应用经济学科的"财税文库"和面向公共管理学科的"尚公文库"，遴选了一批高质量成果收录进两大文库。本次出版的财政学、公共管理两类专著中，既有资深教授的成果，也有年轻骨干教师的新作；既有视野开阔的理论研究，也有对策精准的应用研究。这反映了学院强劲的创新能力，体现着教研队伍老中青的衔接与共进。

繁荣发展哲学社会科学，要激发哲学社会科学工作者的热情与智慧，推进学科体系、学术观点、科研方法创新。我相信，本次"财税文库"和"尚公文库"的出版，必将进一步推动财税与公共管理相关领域的学术交流和深入探讨，为我国应用经济、公共管理学科的发展做出积极贡献。展望未来，期待财税与公共管理学院教师，以更加昂扬的斗志，在实现中华民族伟大复兴的历史征程中，在实现"百年名校"江财梦的孜孜追求中，有更大的作为，为学校事业振兴做出新的更大贡献。

江西财经大学党委书记

2019 年 9 月

前　言

近年来，我国经济由高速增长阶段向高质量发展阶段转变，为实现稳增长目标，中央采取积极的财政政策刺激经济，地方政府债务作为重要的政策工具，成为经济增长的推动力。但地方政府债务规模的急剧扩张、管理制度的不完善导致债务风险不断累积。我国 2014 年新修订的《预算法》将地方政府举债纳入预算管理，随后财政部密集出台各种管理办法、暂行条例、意见以及指南，进一步健全和完善地方政府债务管理制度。随着新冠肺炎疫情的突然暴发，国内经济活动迅速下降，避险情绪逐渐增强，消费链萎缩。为维持经济稳定，2020 年政府工作报告提出积极的财政政策要更加积极有为，作为拉动经济的重要手段，地方政府债务需发挥关键作用。然而，当前我国地方政府债务结构不合理、债务运行效率不高，社会对债务的可持续性存在质疑，严重影响了政府的公信力。现有文献大多集中于地方政府债务风险研究以及支出效率研究，缺乏从地方政府债务运行所历经的"借—用—还"环节来考察地方政府债务管理的缺陷和漏洞，以及具有针对性的管理规范。

本书在借鉴现有文献的基础上，首先对地方政府债务及运行机制的相关概念进行界定，并对地方政府债务的理论进行梳理，随后以地方政府债务运行的各个环节为立足点，综合运用公共产品与财政分权理论、路径依赖理论、成本效益分析理论、跨期预算约束理论以及权力制约理论，建立地方政府债务运行机制的理论框架。通过总结我国地方政府债务的历史演进，分析目前我国地方政府债务在规模和结构上的分布情况，以及我国地方政府举债的必要性，为后续研究奠定现实基础。实证方面，利用省级面板数据，使用渐进性多重差分的方法、系统 GMM、层次分析法与熵值法相结合的方法，对我国地方政府债务运行的"借—用—还"环节进行剖析。本书主要内容安排如下。

一是分析我国地方政府债务发行机制。基于地方政府债券发行方式改革对债券发行成本的作用路径，利用准自然实验的思路，将我国地方政府债券自发试点作为外生冲击，利用2011~2016年省级面板数据，使用渐进性多重差分的方法评估地方政府债券发行试点对债券发行规模及发行利差的影响机制。研究发现，从债券发行利率来看，地方政府债券自发试点降低了地方政府债券发行利差，说明在我国地方政府债券发行试点过程中，存在"发行利率倒挂"现象。从发行规模来看，地方政府债券试点发行对地方政府债券规模具有显著为正的影响，说明地方政府债券试点发行扩大了债券的规模，但对期限较长的债券影响更大。此外，由于"营改增"试点与地方政府债券自发试点在时间上存在一定的重叠，为检验结论的可靠性，在稳健性检验中加入"营改增"虚拟变量，发现"营改增"试点对地方政府债券改革试点干扰性较小。

二是研究我国地方政府债务支出效应机制。依据地方政府债务资金主要投资方向，建立地方政府债务支出效率评价评估指标，利用2012~2017年省级面板统计数据，采用CRITIC法赋予指标权重，结合系统GMM方法计算出地方政府债务产出滞后期，在此基础上，采用投入—产出法实证评估我国30个省份地方政府债务支出效率水平。根据实证结果得出以下结论：（1）我国地方政府债务产出存在1年的滞后期，有必要将产出滞后效应纳入债务支出效率测算内；（2）经过测算，30个省份中接近一半的省份债务支出效率水平呈下降趋势，说明我国地方政府债务支出存在较大的效率改善空间；（3）考虑到地方经济发展水平，实证结果表明，地方政府债务支出效率的高低与地方政府本身经济发展水平没有必然联系。

三是对我国地方政府偿债能力进行分析。地方政府债务的偿债能力关系到地方政府债务是否可持续、能否保证地方政府良性循环，因此有必要对我国地方政府债务的偿债能力进行测算。通过构建偿债能力指标，利用我国2015~2019年省级面板数据，采用层次分析法和熵值法相结合的方法测算我国地方政府偿债能力，结果显示，除个别省份外，大部分省份偿债能力有不同程度的提升，表明我国地方政府偿债能力逐步增强。进一步采用arcGIS软件对地方政府偿债能力的空间布局进行分析，发现我国地方政府偿债能力在三大区域之间差异较大，东部省份偿债能力相比中西部省份更高，这与地方经济发展水平相匹配；通过变异系数比较，发现三大区域内部差异较大的也是东部，表明东部省份内部之间偿债能力相差较大。

四是地方政府债务运行机制国际经验借鉴。纵观发达国家债务管理制度，发现因各国政治体制、经济水平、文化背景等方面存在差异，债务在各国呈现各具特色的管理模式。在债务运行机制上，美国是世界上地方政府债务运行最完备、经验最丰富的国家，日本债务规模较大却未爆发债务危机，因此，本书选取这两国债务运行机制进行介绍，通过梳理两国地方政府债务运行的发展历程、主要内容，总结其管理取得的成效，为我国构建科学合理的地方政府债务运行机制提供国际经验借鉴。

基于理论研究及实证研究的结论，本书从地方政府债务发行、使用、偿还、监管四个角度提出我国地方政府债务运行的优化路径。债务发行方面，应健全地方政府债务发行法律制度，实施债务限额管理动态调整机制，优化专项债发行机制，推进隐性债务透明化制度。债务支出方面，建立定量和定性相结合的绩效考核制度，完善债务相关的税收法规和会计制度，优化项目库建设，规范债务资金使用管理。债务偿还方面，寻求多样化的债务偿还方式，拓宽偿债资金来源渠道，建立灵活的偿债期限结构，积极探索隐性债务化解方式。债务监督方面，搭建常态化监督平台，建立系统且独立的第三方债务监督机构，构建债务横向和纵向监督共生体系，组织监察专员进行专业的政策培训，提高监察队伍专业化水平。

目　录

导　论

一、研究背景与研究意义

（一）研究背景

受 2008 年全球金融危机的影响，我国经济遭遇了前所未有的困难与挑战，为了缓解危机对经济的冲击，我国中央政府开始使用积极财政政策干预经济，其中最具代表性的就是"4 万亿刺激计划"，从此开启了从中央到地方的"强刺激"模式。各级地方政府通过直接或间接的方式举借债务用于基础设施建设，导致地方政府债务规模不断扩大，债务风险日益凸显，并一度成为社会关注的焦点。数据显示，截至 2019 年末，我国地方政府债务余额达到 21.31 万亿元，其中一般债务 118694 亿元，专项债务 94378 亿元，地方政府债务率为 82.9%。①

地方政府债务已然成为我国经济发展的"灰犀牛"，如何防范地方政府债务风险成为决策层和学术界研究的重点。事实上，随着我国财政法治化建设的不断完善，我国决策层也在不断规范地方政府债务管理。2011 年中央经济工作会议提出要"加强地方政府债务管理"，2012 年全国金融工作会议将"防范化解地方政府债务风险"作为未来金融改革的重要内容，2013 年党的十八届三中全会指出要"建立规范合理的中央和地方政府债务管理及风险预警机制"。2014 年新修订的《预算法》赋予地方政府合法的举债权，并规定了举债

---

① 数据来源于财政部网站，http://yss.mof.gov.cn/zhuantilanmu/dfzgl/sjtj/202001/t20200121_3462828.htm.

的主体、用途、监督机制等多方面的内容；同年，国务院出台的《关于加强地方政府债务管理的意见》提出要建立"借—用—还"相统一的地方政府债务管理机制，并将地方政府债务分门别类纳入全口径预算管理。以上政策的出台标志着我国地方政府债务正式进入预算管理时代，这在一定程度上解决了地方政府债务分类不清、规模不明的状况。然而，《预算法》的修订只是全面实施预算绩效管理的万里长征第一步（刘尚希，2019），不意味着规范的地方政府债务管理制度已经建立。

就目前我国经济形势来看，受新冠肺炎疫情的影响，全球民粹主义、逆全球化、新兴保护主义趋势不断加强，商品和要素跨国流动与配置难度加大，不同国家间贸易冲突加剧，国际货币与金融市场的系统性风险提高，国际经济形势日益复杂。随着我国经济增长由高速增长阶段转向高质量发展阶段，国内经济结构调整"阵痛期"降临，GDP 增速自 2007 年以来总体呈现下降的趋势（如图 0 - 1 所示）。从微观经济来看，国内要素成本上升，制度性交易成本不减，我国企业尤其是实体企业生存空间日益狭窄，除高铁等少数高端制造以外，传统制造业企业尤其是民营企业创收能力持续下降，直接导致地方税收收入下降，财政收支下行压力不断加大，财政收支矛盾日益尖锐。为阻止经济进一步衰退，基础设施投资成为地方政府拉动经济增长的有效手段，举债成为地方政府获取融资的最佳选项。

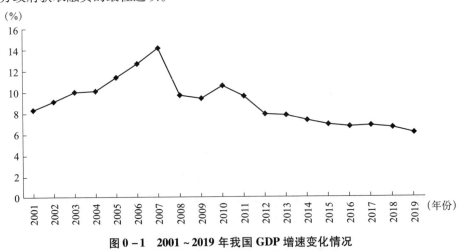

图 0 - 1　2001 ~ 2019 年我国 GDP 增速变化情况

资料来源：《中国统计年鉴》（2002 ~ 2020 年）。

为推动地方政府举债融资合法化和合理化，我国相继颁布了规范地方政府债务管理的政策，其中具有深远意义的文件包括：2015 年财政部分别印发一般债券和专项债券发行管理办法，规范地方政府债券的使用方向；同年出台地方政府债务限额管理实施意见，防止地方政府债务规模超过地区经济可承受力；2016 年印发地方政府债务风险应急处置和分类处置办法，明确划分债务风险等级；2018 年财政部将地方政府债务管理进一步规范，对债务限额、绩效、风险、预算等各方面作出详细规定。从政策取向和实践经验而言，以上规范性文件有助于我国地方政府债务良性运转，有益于防止债务风险的爆发。然而，我国地方政府债务在长期发展过程中仍存在发行细则覆盖不全、运行效率不高、偿债责任不明、监管责任滞后等问题，导致债务运行存在潜在风险，影响债务运行效率。为此，构建全方位、全过程、全覆盖的预算绩效管理体系，既关系到我国经济的稳定及可持续发展，也成为我国财政体制改革是否取得成功的重要指标。因此，有必要通过全面考察我国地方政府债务"借—用—还"各个环节存在的问题，来规范地方政府债务管理制度和风险防范体系。

（二）研究意义

　　基于上述研究背景，本书以地方政府债务运行机制为研究视角，以债务运行涉及的"借—用—还"三个环节为切入点，考察我国地方政府债务运行过程中存在的问题。而地方政府债务问题也是当前国内外普遍关注的问题，进行本研究具有较强的理论意义和现实意义。

　　1. 理论意义

　　（1）有助于推动地方政府债务运行机制理论的发展。本书立足于当前我国财政体制改革的工作重心，从地方政府债务管理的"借—用—还"三个环节出发，使用问题导向的方式发现我国地方政府债务运行机制在理论和实践中存在的缺陷，采用理论与实证相结合的方式分析并解决上述问题，致力于推动地方政府债务有效管理，确保经济平稳运行，提升国家治理能力，推动地方政府债务运行机制理论的研究。同时，以往研究通过着眼于地方政府债务风险管理和债务绩效管理来讨论地方政府管理办法，本书则主要通过研究债务运行的各个环节探索债务管理"法治化"路径，为丰富和完善地方政府债务运行机制方面的理论提供智力支持。

（2）有助于丰富公共财政理论。地方政府债务运行机制管理不仅仅是政府债务管理的重要内容，也是公共财政理论的重要组成部分。随着我国地方政府债务进入预算管理时代，政府债务管理逐渐规范，详细地分析目前地方政府债务运行过程中各个环节所存在的问题，有助于丰富政府债务管理理论，更有助于公共财政理论与时俱进。同时，地方政府债务管理涉及公共产品理论、财政分权理论、路径依赖理论、成本效益分析理论、跨期预算约束理论以及权力制约理论，本书以债务运行为支点，将上述理论结合起来，加深这些理论之间的关联性，并将其关联点运用于分析地方政府债务运行，进一步丰富公共财政理论及公债理论。

2. 现实意义

（1）有助于地方政府债务管理制度建设。地方政府债务在长期发展过程中，受到积极财政政策的激励、城镇化进程的推进以及软预算约束的助推，发展态势迅猛（刘尚希，2017；陈志勇等，2014；杨灿明等，2013；王永钦等，2016）。同时，由于债务规模迅速扩大，导致发展过程中出现债务风险不断积累、债务资金使用效率较低、隐性债务底数不清等亟待解决的突出问题（贾康等，2010；金荣学等，2020；刘尚希，2018）。如果这些问题找不到有效的解决方案，不仅会影响政府债的可持续性（缪小林等，2014），甚至可能导致政府债务陷入自动膨胀的恶性循环（李丹等，2017），引发系统性风险。因此，从债务资金运行全过程出发，创新债务治理方式，探讨科学的债务预算管理机制，有助于构建行之有效的债务管理制度。

（2）有助于提升我国政府的公共服务能力和公信力。我国正在致力于转变政府职能，提升政府整体的公共服务能力和公信力，而地方政府债务作为政府公信力的表现，在过去的发展过程中，存在债券发行成本较高、债务资金使用效率低下、债务监督机制缺乏、项目重复建设率较高等问题。虽然债务发行资金不断增加，但债务管理问题却愈发凸显。因此，本书以地方政府债务运行各个环节为"问题导向"，旨在通过实证分析、域外借鉴、对策建议的方式，全面分析我国地方政府债务在发行、使用和偿还方面的治理模式，充分汲取国际成熟的债务运行机制。在地方政府债务已纳入预算管理的基础上，从不同环节深入论证地方政府债务治理的重要性和可行性，并提出完善地方政府债务运行的具体方案，将地方政府的运行全过程纳入法治约束轨道，确保地方政府债务管理少受或不受个人自由裁量权的影响[①]，推动我国政府职能转变及其公信力的提升。

（3）系统地对地方政府债务运行机制进行定量分析。本书将地方政府债务运行机制分解为"借—用—还"三个环节。在债务发行环节，以地方政府债务自发自还为切入点，采用多期 DID 的方法分析地方政府债务发行利差和发行规模；在债务使用环节，从 2013 年审计署审计报告出发，构建支出指标，以 GMM 方法计算地方政府债务的滞后期，再采用投入—产出法计算支出效应；在债务偿还环节，采用层次分析法和熵值法结合的方法构建指标，通过横纵向以及空间布局等多维度分析我国地方政府偿债能力。由此，本书对我国地方政府债务发行、使用和偿还等各个环节有一个全面的描述，实证结果对我国构建完善的地方政府债务管理理论提供实践基础，从而有利于促进我国地方政府债务管理决策的科学性和有效性，为我国社会经济发展贡献绵薄之力。

二、国内外文献综述

政府举债作为政府筹集资金的主要来源之一，受到学术界的密切关注，国内外学者对其进行了细致的研究，通过梳理相关文献，发现学者们的研究主要集中在以下方面：（1）地方政府债务与经济增长的关系；（2）地方政府债务规模分析；（3）地方政府债务风险管理；（4）地方政府债务绩效管理；（5）地方政府债务预算管理。

（一）地方政府债务与经济增长的关系

长期以来，地方政府债务与经济增长的关系是学术界研究的重要问题。传统观点认为，通过举债弥补政府赤字可以在短期内刺激总需求和经济绩效（Barro，1990；Elmendorf，D. & Mankiw，G.，1999）。从长期来看，地方政府债务会挤出投资并阻碍经济增长（Diamond，1965）。巴罗（Barro，1974）基于永久性收入假说和经济主体理性行为假说，认为人们会进行储蓄以减轻债务

给未来带来的负担，因此，投资和经济增长不会受到债务的影响。这一系列的研究后来被称为"李嘉图等价"定理。上述关于地方政府债务是否会影响经济增长的不同观点，引发学者进一步的研究，且研究多集中于探讨"李嘉图等价"定理的合理性，曼昆等（Mankiw et al.，1986）、马丁·费尔德斯坦（Martin Feldstein，1988）、劳伦斯·科特利科夫等（Laurence Kotlikoff et al. 1990）试图从理论上证明该定理的不合理性，也有一些学者指出巴罗"李嘉图等价"思想的正确性（Leonardo Leiderman，1988；Rhonda Evans，1991）。

基于理论分析的分歧，近年来，许多学者采用实证方法研究二者的关系。卡内尔等（Caner et al.，2010）使用 1980~2008 年 79 个发达国家和发展中国家的数据，切切里塔-威斯特法尔和洛特（Checherita-Westphal &Rother，2010）以及鲍姆等（Baum et al.，2012）分别研究了 1970~2008 年和 1990~2010 年欧洲 12 个国家的数据，斯蒂芬·切切蒂等（Stephen Cechetti et al.，2011）对 1980~2010 年的经合组织国家进行研究，卡斯尼等（Casni A. C. et al.，2014）对比中欧、东欧和东南欧国家的数据，库尔马和坞（Kumar & Woo，2015）研究 38 个发达和新兴国家债务与经济增长的线性关系。上述研究得出的结论大多是，较高的债务或多或少对经济增长存在一定的负面影响。也有国内学者在探讨二者关系时得出类似的结论。刘哲希等（2020）从债务结构和债务规模视角，指出当隐性债务占地方政府债务比重较高时，增加债务会对经济增长产生负面影响（尹恒，2006；陈思霞、陈志勇，2015；刁伟涛，2016）。

即使之前许多研究都确定了地方政府债务与经济增长之间的负相关关系，仍有学者持相反的观点。斯皮利奥蒂和瓦姆沃卡斯（Spilioti & Vamvoukas，2015）认为，地方政府债务能促进经济增长。帕尼扎和普雷斯比特罗（Panizza & Presbitero，2012）认为，在经济衰退时期，持续衰退会降低潜在产出水平，而政府举债能刺激总需求，减少产出损失。程宇丹等（2014）通过比较发达国家和发展中国家债务对经济增长的影响，发现发展中国家地方政府债务可以提高投资率。范剑勇等（2014）揭示地方政府债务可以转化为政府投资促进地区工业增长。邓晓兰等（2013）利用实证方法证明长期低水平的基本赤字对经济增长产生较强的促进作用。贾俊雪、郭庆旺（2011）分析发现，将政府债务用于基础设施投资能够推动经济增长。胡奕明等（2016）通过多元统计分析发现，地方政府债务与经济增长之间存在正相关关系。

也有学者集中于研究地方政府债务与经济增长的非线性关系。罗格夫和莱因哈特（Rogoff & Reinhart，2010）提出，当地方政府债务与 GDP 的比值高于90%时，债务水平与经济增长呈负相关，当低于90%时，二者之间不存在相关关系。这个研究结论引起众多学者的关注。张启迪（2015）、赵新泉和陈旭（2018）等通过分析不同收入国家地方政府债务与经济增长的关系，得出相似的结果，尽管临界值有所不同。陈诗一和汪莉（2016）、庄佳强等（2017）、陈菁（2018）、韩健和程宇丹（2019）、刘哲希等（2020）研究我国地方政府债务与经济增长关系，发现地方政府债务对经济具有明显的门槛效应。当然，也有学者发现债务对经济增长没有显著的影响（李刚等，2013；杨攻研、刘洪钟，2015）。

大多数学者主要关注债务对经济增长的影响，忽略了从增长到债务发生反向因果关系的可能性。为了填补这一研究的空白，费雷拉（Ferreira，2009）在分析经合组织 20 个成员国 1995～2007 年数据时发现，公共债务与经济增长之间存在双向因果关系。帕尼扎和普雷斯比特罗（Panizza & Presbitero，2014）采用不同的工具变量法，并未发现二者之间的因果关系。同样，桥－阿约文和圣索－纳瓦罗（Puente-Ajovín & Sanso-Navarro，2015）通过对 1980～2009 年16 个经合组织国家政府债务与经济增长的关系使用面板格兰杰因果关系进行检验，发现政府债务并未导致实际 GDP 增长；相反，他们的论文支持认为非金融私人债务会影响实际经济表现。戈麦斯－普格和索斯维拉－里维罗（Gómez-Puig & Sosvilla-Rivero，2015）对 11 个欧盟国家进行了研究，发现当考虑整个样本期（1980～2013 年）时，主权债务与经济增长之间没有负因果关系，但是如果将样本期缩短到 2007～2013 年，超过债务门槛（56%～103%）的格兰杰因果关系呈反比关系。

（二）地方政府债务规模分析

从学者们探索地方政府债务与经济增长的关系可以发现，大部分学者赞成地方政府债务对经济增长存在非线性关系，因此，如何控制地方政府债务的规模，避免地方政府债务成为经济发展的阻力，成为学者们研究的重点。

从地方政府债务规模扩张的原因来看，学者们从不同视角对其进行了研究。阿齐蒙蒂等（Azzimonti et al.，2014）通过建立多国政治经济模型，认为金融市场的国际一体化及收入不平等的增加给政府借贷活动提供了更多机会。艾亚加里和麦克格兰坦（Aiyagari & McGranttan，1998）认为，地方政府债务最优水平与外生因素相关。陶雄华（2002）指出，地方政府债务增加来源于改革开放以来不断扩大的财政收支缺口以及经济转轨过程所带来的政策性亏损。黄春元等（2015）从财政转移支付角度出发，发现财政收支缺口的扩大反而会降低地方政府债务规模的扩大。张文君（2012）使用分位数回归方法，发现政绩考核是政府债务扩张的根本原因，而宽松的货币政策等外因是债务扩张的次要因素。刘子怡等（2015）从城投债数据出发，将影响地方政府债务规模的原因分为内部和外部两类，在二者共同作用下债务规模不断扩张。冀云阳等（2019）通过构建地方政府债务融资行为模型，发现地方政府债务规模扩张是由于公共服务支出责任下放、地区之间存在债务融资竞争等造成的。刘昊等（2019）分别从人口、经济、政治及体制等方面分析地方政府债务规模激增的原因。卡特里娜（Catrina，2012）、陈志勇等（2014）认为，财政预算软约束是地方政府债务规模扩张的重要原因。毛捷等（2020）通过双重差分方法发现，税制改革带来的财政压力同样能刺激地方政府扩大债务规模。傅笑文等（2018）认为，政府主导的基础设施投资行为是债务扩张的助推力。缪小林（2015）通过梳理债务发展历程，认为我国债务增长主要是由预算支出活动导致的，且主要是由人员经费支出造成的。李永友等（2018）从政府偿债能力分析地方政府债务规模扩张的原因。

关于地方政府债务规模的测度，艾亚加里和麦克格兰坦（Aiyagari & McGranttan，1998）通过探讨不完全市场经济中最优公共债务水平的问题，发现即使收益看起来很小，但公共债务的最优水平是正的。由于2014年以前我国地方政府债务数据并未对外公布，学者们只能基于已有的数据对其规模进行预估。于凌云（2008）以实地调研所获取的地方政府债务数据为基础，为后续地方政府债务规模的预测提供了较为坚实的基础。魏加宁等（2012）将货币供应量的多层次统计方法运用于地方政府债务规模的统计，以2010年经济、财政数据测算了当年政府债务规模。王志浩等（2013）以银行贷款、委托贷款、理财产品等金融数据为依据，估算当年地方政府性债务规模在 21.9 万 ~ 24.4 万亿元。徐家杰（2014）从政府预算恒等式出发，根据我国现有的地方政府收支决算表，对浙、豫等地区的地方政府债务规模进行估算。洪源等（2015）以公共需求偏好匹配标准为指导，从消费者角度构造地方政府债务规模需求函数，根据地方政府债务资金恒等式对我国地方政府债务规模进行估算。杨灿明等（2015）在总结地方政府债务规模测算方法的基础上，分别从金融借贷角度、财政收支角度以及城投公司角度对我国地方政府债务规模进行测算。王立勇等（2015）基于审计署债务统计口径，在考虑隐性债务和或有债务的基础上，测算我国地方政府债务最优债务率水平。邱栎桦等（2015）通过探讨地方政府债务与经济增长关系，发现地方政府债务与经济增长存在非线性关系，为此采用动态面板门槛模型寻求最优的地方政府债务规模。刁伟涛（2016）基于审计署摸底地方政府债务数据，通过构建政府债务适度规模模型，认为 18.53% 的负债率是我国经济发展中债务适度规模的标准。蔡宁等（2017）以政府预算恒等式作为债务规模测算的基础，以审计署债务摸底数据为依据，对"十三五"时期我国省级层面的地方政府债务规模进行了测算。

随着地方政府性债务定义的出现，学者们也逐渐开始关注隐性债务的规模。刘少波等（2008）基于隐性债务数据难以获取的特征，将隐性债务分为五类分别对其进行估算，发现 2006 年隐性债务规模占据当年 GDP 的 26.3%。吉富星（2018）基于有息负债和债务矩阵视角，在界定地方政府隐性债务的基础上，对地方隐性债务规模进行预估，得出债务总额为 22.23 万亿元。张平等（2017）从绝对标准和相对标准上分别对地方政府性债务整体规模进行度量，并通过万得数据库相关数据对省级层面债务进行了测算。封北麟（2018）根据隐性债务来源的不同，将其分为两类并分别进行了规模测算。欧阳胜银等（2020）运用多指标多因果模型（MIMIC）对 2003 ~ 2018 年地方政府隐性债务规模进行了测算。李丽珍等（2019）在界定地方政府隐性债务的基础上，对 2010 ~ 2017 年隐性债务规模进行了分类评估。魏蓉蓉等（2020）采用空间计量和 KMV 模型对 2017 年和 2018 年地方政府的 PPP 隐性债务进行估算，发现其规模分别是 14 万亿元和 15 万亿元。

(三) 地方政府债务风险管理

在地方政府债务风险管理方面，分析债务风险形成的原因是探究债务管理的前提。就目前的研究而言，郭琳等（2002）认为，经济体制、财政体制、债务管理体制以及市场经济风险等方面存在的缺陷是我国地方政府债务风险存在的主要原因。刘尚希等（2003）通过对政府或有债务进行详尽研究后提出，或有负债最后都需财政兜底，或有负债的增加会在无形中推动地方政府债务风险的提高。周浩坤（2004）将地方政府债务风险归因于地方政府财政存在多元化的融资行为，造成地方政府融资杂且融资不受管控，最终导致债务风险激增。尹世芬等（2013）认为，地方政府债务风险主要是由地方经济发展过程中可支配收入不足与财政支出不断扩大的矛盾导致的。李尚蒲（2015）认为，地方政府债务风险增加的原因是预算软约束。呼显岗（2004）将地方政府债务风险的成因归结为政府投融资体制改革的滞后，国有企业改革形成的亏损需要地方政府兜底，积极财政政策背景下地方政府需要借债获取上级的配套资金，经济体制转轨过程中形成的经济风险和社会风险以及财税体制改革的不彻底。杨灿明等（2013）在梳理我国地方政府债务发展历程的基础上，从经济财政体制、债务融资管理体制方面分析我国地方政府债务风险扩大的原因。缪小林等（2013）发现，地方政府预算支出是债务规模膨胀的直接诱因，经济增长预期是债务风险增加的根源。庞保庆（2015）认为，地方政府债务风险起因于分税制财税体制改革，并在后续的财政收支制度中将土地出让金归为预算外收入，使得地方政府能够将土地注入融资平台公司，从而助推债务风险。王俊（2015）在分析地方政府债务对经济存在正负效应的基础上，从财政、金融、政治以及宏观层面分析地方政府债务形成的原因。

在地方政府债务风险管理的实证研究方面，学者们从不同的角度切入探讨地方政府债务的风险。李升等（2018）从基础设施投资角度出发，运用广义最小二乘法证实基础设施投资的增加导致地方政府债务风险提高，但基础设施的完善又通过促进经济增长反过来降低地方政府债务风险。秦凤鸣等（2016）从房价的角度出发，使用城投债信用利差作为风险衡量指标，利用地市级面板数据，通过 OLS 分析方法发现房价与城投债风险呈反向关系；同时，发现地方政府财政的土地依赖度与城投债风险程度呈正向关系。张平（2017）从影子银行角度出发，认为影子银行可以通过房地产信托、融资租赁业务以及银行理财产品等方式将风险间接传给地方政府，并通过实证研究证实影子银行对地方政府债务存在正的溢出效应，且溢出效应的平均贡献率在 0.11% ~ 0.66%。王永钦等（2016）从金融市场角度出发，以易获取的城投债的收益率价差为研究对象，将其分为流动性价差和违约价差来分别评估地方政府债务违约风险，发现我国地方政府债务违约风险在 2012 年大幅增加。张延等（2016）从预算软约束角度出发，在控制经济、人口以及城市差异的前提下，通过两阶段最小二乘法（2SLS）的方法，发现软预算约束助推了地方政府债务风险的攀升。熊琛等（2018）通过构建金融部门风险与地方政府债务风险相互作用的DSGE 模型，构建二者之间的"双螺旋"结构，发现二者之间的风险相互强化，且在传导机制上，地方政府债务风险可以通过金融风险向实体经济传播，金融部门风险可以通过资产负债表等传导给地方政府债务。

从地方政府债务风险测度角度，谢虹（2007）采用模糊数学综合评价方法对我国地方政府债务风险进行测算。缪小林等（2012）从社会福利最大化悖论出发，从债务内部结构和外部负担构建风险测度指标，通过因子分析法和HP 滤波法对地方政府债务风向进行分解测算。刘蓉等（2012）将我国地方政府债务数据与国际标准相比较，发现我国地方政府债务规模目前尚处于可控范围，但新增地方政府债务却超过了国际标准，说明我国地方政府债务存在潜在风险。张子荣（2015）将地方政府总资产分为可流动资产和不可流动资产，通过分析地方政府净资产、资产负债率、债务负担率等指标，发现我国地方政府债务发生违约的风险较小。赵剑锋（2016）通过因子—聚类分析方法，构建地方政府债务风险测度指标，发现地方政府债务的风险主要来源于新增债务。刁伟涛（2016）从国有资产角度出发，使用未定权益分析方法（CCA 模型）对我国地方政府债务风险进行测度，发现我国地方政府债务风险可控。梁丽萍等（2016）从地方政府资产负债表视角出发，通过层次分析法构建债务风险测度指标，发现我国地方政府债务风险承受能力存在地区差异性。王周伟等（2019）基于债务风险存在网络关联传染的前提，通过空间分位数回归模型将地方政府债务风险进行分解，划分出重要性风险承担地区和脆弱性风险承担地区。

从风险防范措施角度，伏润民等（2014）在分析地方政府债务权力与偿还责任分离的情况下，认为防范的关键是推进债务从超常规增长向正常性增长转变，具体措施包括由上级地方政府制定下级地方政府债务偿还等义务性的规定，同时提高下级地方政府的责任意识，实现官员个人与社会利益保持一致，并需完善地方政府债务管理相关制度。张同功（2015）认为，地方政府债务风险可以通过发展金融业得以缓解，通过债券融资、引导基金融资、采用 BOT 和 BT 等方式在金融市场上吸引民间投资，大力发展信托融资、融资租赁等拓宽地方政府融资方式来分散地方政府债务风险。王桂花等（2014）认为，应从转移支付制度、地方政府融资平台运营模式、地方政府偿债机制、政府职能等方面防范地方政府债务风险。沈丽等（2019）通过运用关系数据分析范式研究地方政府债务风险，提出省际间债务风险存在空间溢出效应，在防范和化解地方政府债务过程中，需注意其他地区在缓解债务压力过程中采取的政策性质，同时合理调整本地区的公共政策，避免本地区在无形中去其他地区形成竞争关系。沈雨婷等（2019）使用层次分析法和熵值法在测算地方政府债务风险的基础上，认为应从短期、中期和长期等不同的视角出发对地方政府债务风险进行防范。

（四）地方政府债务绩效管理

加强地方政府债务管理是防范化解重大风险的关键环节，提高地方政府债务支出效率是地方政府债务管理的重要举措，学者们从理论和实证方面研究地方政府债务支出效率，为管理地方政府债务提供科学依据和评价标准。

理论上，学者们从不同视角对地方政府债务支出效率进行研究，以求全面反映我国地方政府债务支出水平。王淑梅等（2008）从公共产品理论出发，提出地方政府债务是一把"双刃剑"，探讨如何构建债务绩效考核指标使债务发挥积极作用。考燕鸣等（2009）从投入产出理论和效率理论出发，在剖析债务支出过程的基础上，认为有必要构建合理的绩效考核指标。蔡伟和滕明荣（2010）从法制角度探讨如何合理构建包含债务绩效在内的地方政府绩效支出指标。马金华等（2012）从中央政府、地方政府和金融机构三方博弈视角出发，指出博弈三方中地方政府认为受中央政府担保的国有银行会给予贷款，而中央政府为了经济发展会对其给予债务救助，因此地方政府"不在乎"自身的债务支出效率，疏于对债务进行管理。金荣学等（2014）从分税制视角提出分税制导致的地方政府财权与事权不匹配，以及分税制后省以下地方政府转移支付制度的不完善促进了地方政府债务规模的增加，而通过投融资平台获取债务资金的方式加大了地方政府债务支出效率管理的难度。赵爱玲和李顺凤（2015）从审计质量控制角度，提出构建地方政府债务审计的必要性，并认为审计质量控制对提高地方政府债务支出效率具有重要意义。李思等（2016）在分析制度供给对地方性债务的影响机理的基础上，在分析了有效供给不足的情况下，发现我国地方政府债务技术效率存在空间相关性。宋美喆和徐鸣鹤（2017）基于财政竞争角度，分析了地方政府债务支出效率较低的原因。

为了确认地方政府债务支出效率水平，学者们利用不同的效率测算方法从实证方面评估地方政府债务支出效率。值得注意的是，在地方政府债务支出效率测算方法上，研究主要可以分为两个阶段：第一阶段，研究多采用非量化的评价方法探讨地方政府债务支出效率。宓燕（2006）在明确债务绩效评价指标体系构建原则的前提下，从理论上提出绩效指标应包括经济发展水平和产业结构调整、科技进步与人口素质提高及居民生活水平提高 3 大类指标。姜宏青和王硕（2012）在收集分析 28 个地方政府管理制度的基础上，提出债务管理制度的框架，为提高地方政府债务支出效率提供指引。上述方法并未考虑外部环境和内部因素对债务支出效率的影响，也没有通过实证证明测算方法的适用性。第二阶段，开始采用量化评价方法评估地方政府债务支出效率，其中使用较多的是 DEA 方法。仲凡（2017）、金荣学和毛琼枝（2017）、赵桂芝和冯海欣（2019）均采用 DEA 方法发现我国地方政府整体债务支出效率处于下降的趋势。随着 DEA 方法的推进，该方法在处理效率的外部环境时无法排除环境因素和随机因素对效率的影响。有学者探讨更严谨的计量方法考察地方政府债务支出绩效。洪源等（2014）、李思（2016）、宋樊君（2018）、郭月梅和胡智煜（2016）分别采用三阶段 DEA 方法，以及三阶段 DEA 和 Malmquist 指数相结合的方法研究地方政府债务支出效率，结果表明三阶段 DEA 方法测算的地方政府债务效率要优于 DEA 测算的效率。此外，有的学者并不仅仅局限于DEA 方法，如陈业华和邓君（2015）利用网络层次模糊综合评价法（ANF）、刘子怡（2015）采用固定效应模型多元回归方法、洪源等（2015）运用多元选择 Logit 模型方法研究地方政府债务支出效率；金荣学等（2020）通过 GMM 模型发现地方政府债务投入和产出之间存在滞后效应，并基于滞后期采用投入—产出分析方法对地方政府债务支出效率进行测算。

（五）地方政府债务预算管理

随着新《中华人民共和国预算法》（以下简称《预算法》）允许地方政府适度举债，学者们开始探寻如何在预算管理体制内研究地方政府债务。

对于债务纳入预算管理的必要性方面，贾建学（2008）从防范财政风险、保证预算真实性以及地方政府信誉维护等角度出发，认为有必要编制地方政府债务预算。樊丽明等（2006）从债务的财政属性分析，认为地方政府债务本质属于财政收支范畴，应将其纳入预算管理。王秀杰等（2008）从地方政府债务管理现实状况出发，认为当前债务管理存在一系列问题，通过将债务纳入预算管理能够有效解决债务管理问题并促进债务良性运转。贾康（2013）从全口径预算管理体制以及政府预算体系的完整性出发，认为对于地方政府掌握的债务应该纳入预算管理。同生辉等（2014）认为将地方政府债务纳入预算管理能够提升预算编制和管理效率，并且能够从技术、管理层面加强地方政府债务源头管理。于树一（2014）从债务事后监督角度出发，认为将地方政府债务纳入预算管理可以提升债务透明度、强化后续债务监督管控、有利于控制债务规模。郑洁等（2014）从规范债务管理要求、全口径统计债务数据、防范债务风险、提高债务资金使用效率等角度，指出将地方政府债务纳入预算管理的必要性。程园园等（2018）在分析已将债务纳入预算管理省份相关政策的基础上，从预算透明度角度分析债务纳入预算管理的可行性及必要性。李贞等（2017）从债务的不同属性及预算软约束所带来的后果出发，提出需将地方政府债务纳入预算内进行管理。

关于债务预算管理的模式，邓宏祥（2002）认为，可以在复式预算法、混合预算法和专项预算法中选择其一对地方政府债务进行预算管理。苏明（2008）基于我国地方政府债务现实问题考察，认为我国地方政府债务预算的编制方法只有复式预算和单独编制债务预算两种方式。郑洁（2014）从地方政府债务编制的内容、收支科目及报表体系出发，为地方政府债务预算管理提供全面的考察思路。马海涛等（2014）从我国预算分类方法和债务管理现状出发，认为我国地方政府债务预算有公共预算、附属预算和复式预算三种模式可选择。王银梅等（2016）提出地方政府债务预算管理模式有嵌入式、附属式和复式预算三种方式，并指出三种方式中，复式预算的复杂程度最高。也有学者认为，我国地方政府债务应单独编制或与一般政府预算共同编制（安徽省财政厅课题组，2014；浙江省财政厅课题组，2014；贾建学，2008）。虽然学者们对于债务预算管理模式存在争议，但在预算管理模式选择上，无不认为复式预算模式具有更大的优势（王银梅等，2016；马海涛等，2014），甚至提出应将复式预算改革摆在和部门预算改革同等重要的地位（同生辉等，2014）。

关于债务纳入预算的方式和方法，朱大兴等（2001）认为，与其他预算相比，债务规模难以控制、项目支出难以统计，在债务预算编制方法上可采用对债务总规模进行总额控制法，或是对各部门的债务进行逐项统计法，或是采用滚动平衡法。刘家凯（2012）认为，地方政府债务预算的前提是对地方政府债务预算收支进行科学化分类，在此基础上，构建包含债务收入、支出、资金来源、项目支出、还本付息等内容的地方政府债务预算报表体系，规范债务预算编制流程。朱军（2012）认为，将债务纳入预算管理的第一步是提升债务预算的法定地位，在此前提下构建地方政府债务预算框架体系，通过行之有效的管理办法和准则将地方政府债务纳入预算管理。王银梅等（2016）认为，可延续"两上两下"的预算编制流程，保障地方政府债务预算管理不造成额外负担。廖家勤（2014）认为，债务预算管理应注重跨期预算平衡制度，从法律地位、预算编制时间跨度、债务负责人制度、预算决策自主权的归属等方面建立跨期预算平衡的制度保证和技术保证。除了探讨一般债务纳入预算管理的方法，也有学者探讨如何将或有债务纳入预算管理。张海星（2007）认为，我国有大量的隐性及或有债务存在，有必要构建或有债务的信息披露制度，一方面需编制财政中长期计划用以反映或有债务成本，另一方面需在权责发生制的基础上建立包含或有负债的政府财务报告制度。刘慧芳（2013）同样基于对或有负债的分析，在加入财政机会主义的基础上，提出通过规范或有债务的核算方法、编制政府合并财务报表等方式将或有债务纳入预算管理。杨亚军等（2013）建议采用双重会计处理办法，在日常核算中使用收入实现制，在期末编制报表时采用收入实现制，逐渐将地方政府债务纳入预算管理。

（六）国内外研究成果评述

综上所述，目前国内外已有文献围绕地方政府债务管理进行了一定程度的理论与实证研究。然而，学者对地方政府债务运行机制的研究缺乏系统性与规范性，多呈现"碎片化"的研究现状。同时，针对地方政府债务"借—用—还"之间的逻辑及机理分析也较为少见。为此，未来可从以下四个方面进行拓展，以求对债务运行机制内部的逻辑关系进行系统深入的研究。

其一，现有的大部分文献是从个别视角展开研究，且多集中于地方政府债务预算、绩效和风险管理，缺乏着眼于债务运行整体视角的研究。同时，地区之间的经济发展水平、财政管理能力以及所处的外部环境存在一定的差异，其债务运行呈现鲜明的地区性及异质性，未来对地方政府债务的研究需从地区特征出发。

其二，现有的大部分文献集中于通过实证方法探讨地方政府债务管理方面存在的问题，缺乏对地方政府债务运行机制理论的系统研究，地方政府债务良性运转所依赖的机理值得进一步挖掘。目前，学术界对地方政府债务运行机制的讨论较为泛化，仅就目前存在的问题及对策进行阐述，并未进行更为深入的理论探讨。在实证方面，则呈现探讨债务风险管理、债务绩效管理内容居多，而债务预算管理、发行管理以及偿债能力研究较少，尤其是《预算法》修订之后如何优化地方政府债务预算管理的实证研究更为少见。在地方政府债务规范性文件频繁出台的背景下，地方政府拥有举债权在影响地方政府收入的同时，也会对债务的整个运转机制有深刻的影响，因而还需着眼于债务运行的整体视角，揭示债务运行各个环节的理论基石，为地方政府债务进一步优化运行提供理论参考。

其三，部分文献在运用微观省级数据进行实证研究方面进行了有益的探索，但是在诸多研究中，地方政府债务的研究深度不够。例如，地方政府债务的发行在大部分相关文献中仅作为其他研究的背景资料，导致对债务发行的认知不足，难以挖掘债务发行机制本身存在的问题；关于地方政府债务的使用，大部分文献则集中于研究当期地方政府债务投入与产出的关系，较少考虑债务投入与产出之间的时间滞后效应；关于地方政府债务的偿还机制，目前鲜有文献集中探讨地方政府债务的偿还机制。此外，在实证研究中，在具体计量方法的运用上还存在一定可以拓展的空间。未来可结合具体数据特征，运用渐进性双重差分、广义矩估计、工具变量，并跨学科使用 arcGIS 等软件，为地方政府债务研究服务，以期获得更为稳健客观的研究结果。

其四，当前关于地方政府债务运行各环节的评价标准不尽统一，且评价标准的选取依据未见详述，由此造成研究成果之间的可比性不强，借鉴作用不够，削弱了研究成果的参考价值。例如，在评价地方政府债务支出效率时，大部分研究选取指标的依据是审计署审计报告，缺乏理论基础及现实依据，可能导致测算结果与现实情况相差较大。此外，鉴于当前债务数据获取的现实约束，公开的地方政府债务余额数据仅从 2014 年开始，之前的数据只能依靠学者推算，参考性较弱，而 2014 年至今，时限较短，且债务多处于发行阶段，偿债可能存在的问题并未显现，导致债务运行整体环节的研究推进较为困难。因此，未来的研究需着重于对债务运行各环节的评价标准进行规范化。

三、研究内容与研究方法

（一）研究内容

本书的主要目标是系统梳理中国地方政府债务运行机制，综合运用公共产品理论、财政分权理论、路径依赖理论、成本效益分析理论、跨期预算约束理论以及权力制约理论，以地方政府债务运行的各个环节为立足点，解析地方政府债务管理过程中存在的问题，并提出解决对策，以期提出地方政府债务管理的优化路径。具体内容包括以下方面。

第一章是地方政府债务运行机制的理论分析。界定本书中涉及的地方政府债务及运行机制的内涵，对政府债务理论进行介绍，并从公共产品和财政分权理论分析政府举债的合理性，以路径依赖理论、成本效益分析理论、跨期预算约束理论以及权力制约理论分析地方政府债务运行的理论依据。

第二章是我国地方政府债务运行机制的现状分析。通过梳理我国地方政府债务的历史演进，分析目前我国地方政府债务在规模和结构上的分布情况，并分析我国地方政府举债的必要性，为后续研究奠定基础。

第三章是我国地方政府债务发行机制的分析。以 2011 年开始的地方政府债券试点自发为切入点，收集 2011～2016 年全国 30 个省份债务发行利率和发行规模数据，采用多期 DID 方法分析地方政府债券自发试点对地方政府债券发行利率和发行规模的影响，发现地方政府债券自发试点扩大了地方政府债券发行规模，但是却使发行利率出现"利率倒挂"现象。

第四章是研究我国地方政府债务支出效应机制。在借鉴 2013 年全国政府性审计结果、确定地方政府债务投入与产出之间对应关系的基础上，运用系统 GMM 方法测算出地方政府债务产出滞后期为 1 年，从而通过"投入—产出"分析方法检验我国地方政府债务管理中投入与产出的有效性。

第五章是分析我国地方政府偿债机制。通过构建偿债能力指标，利用我国 2015～2019 年省级面板数据，采用层次分析法和熵值法相结合的方法测算我国地方政府偿债能力，结果表明大部分省份偿债能力在不同程度地提升。同时，进一步采用 arcGIS 软件对地方政府偿债能力的空间布局进行分析，发现我国地方政府偿债能力在三大区域之间差异较大，东部省份偿债能力相比中、西部省份更高，这与地方经济发展水平相匹配；通过变异系数发现三大区域内部差异较大的也是东部省份，表明东部省份之间偿债能力相差较大。

第六章是我国地方政府债务运行机制的国际经验借鉴。通过介绍美国和日本的债务运行管理的发展历程、主要内容以及发展成果，为我国构建科学合理的债务监督体系提供国际视角。

第七章是优化我国地方政府债务运行机制的对策建议。在系统分析地方政府债务运行机制的基础上，从债务运行的"借—用—还"三个环节提出优化地方政府债务运行机制的总体思路，并针对各个不同环节提出一系列改进措施和配套方案。

（二）基本思路

本书研究的技术路线如图 0-2 所示。

（三）研究方法

根据本书研究内容和研究思路，通过规范分析和实证分析相结合的办法，采用定量分析与定性分析相结合的方法，文献研究和统计分析相结合的方法以及比较分析法，在综合运用财政学、制度经济学、西方经济学等相关理论的基础上，结合国际经验借鉴，优化我国地方政府债务运行机制。

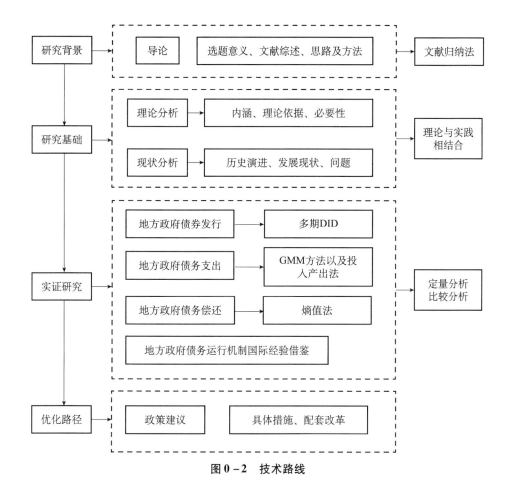

图 0 - 2 技术路线

首先是定量分析与定性分析相结合的方法。本书对地方政府债务相关概念进行界定，并就地方政府债务运行环节的内涵、理论基础进行分析，属于定量分析的范畴。在此基础上，本书就地方政府债务发行机制、支出效应机制以及偿债机制展开定量分析。在具体的定量方法上，由于本书使用地方政府债务公开的省级面板数据，时间跨度较短，主要采用多元线性回归模型作为基础模型进行分析，在数据允许的条件下，进一步采用渐进性双重差分法、广义矩估计以及层次分析法和熵值法相结合等计量方法，以求结果的可靠性。

其次是文献研究和统计分析相结合的方法。本书通过互联网收集电子资料及地方政府债务最新资讯，广泛搜集国内外地方政府债务运行机制管理的研究文献，通过整理归纳，总结出现有研究阶段的主要内容，发现现有研究的不足。同时，通过梳理我国地方政府债务的发展历程及政策文件，发现我国地方政府债务运行机制的漏洞，为本书研究寻找切入点。在此基础上，整理出我国地方政府债务在规模和结构方面的相关数据，对其进行描述性统计分析，同时借鉴国际通用的债务衡量指标，分析我国地方政府债务支出效率以及偿债能力。

最后是实证分析与规范分析相结合的方法。实证分析主要着眼于"是什么"的问题，规范分析主要解决"应该是什么"的问题。本书运用实证分析分别对我国地方政府债务发行、支出、偿还等环节的机制进行分析，从而回答了我国当前地方政府债务运行机制"是什么"的问题。但是，本书的最终目的是为政府制定债务管理政策提供坚实的理论与现实基础，以解决"应该是什么"的问题，因此，本书最后以规范分析结尾，在借鉴发达国家债务管理体系较为成熟的做法基础上，论述规范我国地方政府债务运行机制的相关政策建议。

四、创新与不足

（一）本书可能的创新

本书的创新点主要包括以下三点。

一是研究视角的创新。以往的研究大多重点关注地方政府债务风险以及绩效管理，且极少从债务运行的整体环节考察债务管理的可行性。然而，债务的风险以及效率低下等问题均是在债务运转中出现的，因此，学术界重视研究债务风险及绩效而忽略对债务整体运行环节进行分析，可能会存在分析视角不够全面，导致实证结果可靠性不足。基于上述原因，在考虑研究数据可得性的基础上，本书将研究视角扩展至债务运行的整体环节，研究债务运行各环节机制，因此研究视角更为全面，对地方政府债务运行全过程的考察更为细致。

二是研究方法创新。本书在研究地方政府债务运行过程中，与以往研究不同的是，关于地方政府债务发行，以往文献仅研究其债务发行成本的影响因素，忽略了地方政府债务自发试点改革对债务发行的影响；同样地，在研究地方政府债务支出效应时，以往文献仅关注当期投入与当期产出的关系，忽视了地方政府债务支出存在滞后性；同时，通过梳理相关文献发现目前研究地方政府偿债能力的文献较少。基于此，本书采用多期 DID 分析地方政府债务自发试点对债务发行的影响，通过 GMM 模型测算支出的滞后期，再运用"投入—产出"模型计算债务支出效率，通过构建偿债能力指标，采用层次分析法和熵值法相结合的方法估算各省份地方政府偿债能力。

三是研究结论与政策建议的创新。本书的研究结论是基于实践调研成果并结合计量模型实证结果得出的，因此，基于本书研究结论提出的政策建议具有坚实的现实基础，从而在实践中具有较高的应用价值，将有助于优化地方政府债务运行机制，提高债务管理的科学性。

（二）研究的不足

囿于各种主客观原因，本书可能存在以下不足。

一是由于地方政府债务纳入预算管理时限较短，债务数据庞多，数据可获得性受限。本书关于地方政府债务的研究止步于省级层面，没有对省级以下的地方政府债务相关情况做进一步探讨。未来随着我国地方政府债务数据公开程度的进一步提高，本书的研究范围有待进一步拓展。

二是关于地方政府偿债能力的研究，国内外尚未形成系统性研究，因此对地方政府偿债能力的研究，本书主要使用所有可以公开获得的数据构建地方政府偿债能力指标，且主要借鉴的是风险预警指标体系，指标体系可能存在一定偏差，实证结果有待未来继续验证。

第一章

地方政府债务运行机制的理论基础

本章主要论述地方政府债务及其运行机制的内涵，并介绍政府债务理论及地方政府债务运行机制的相关理论，为后面进一步展开实证研究奠定坚实的理论基础。

第一节　地方政府债务的概念及运行机制

一、地方政府债务的概念

（一）债务

对于债务的概念，不同的学科有不同的认知角度。相关的法律条文从法学角度给出了相应的法学解释；会计学从具象角度展开研究，将债务表述为一套系统的概念框架，通过会计实物处理原则将其形象化；经济学从债务产生的经济学原理出发，分析债权债务关系。

债务包括商品债务、货币债务，以及一切可依据一定的代价在未来偿付的东西。从法律上来说，《中华人民共和国民法典》（以下简称《民法典》）虽然没有设立债编对债的概念进行具体界定，但是对债权进行了明确规定，指出"债权是因合同、侵权行为、无因管理、不当得利以及法律的其他规定，权利人请求特定义务人为或者不为一定行为的权利"[1]。关于债在法理上的解释，

---

① 详见《中华人民共和国民法典》第一百一十八条。

可以从已废止的《中华人民共和国民法通则》中获知，通则中明确指出，债是当事人之间形成的权利义务关系，在这种关系中，债权人享有权利，债务人负有责任，债务人须依据双方事先的书面约定或法律法规履行相应的义务。

会计上，我国《企业会计准则——基本准则》中规定：债务为经济主体过去的交易或事项形成的、预期会导致经济利益流出经济主体的现时义务。在资产负债表中，表现为整个负债部分，可依据会计原理和会计准则进行统计和比较，具有可价值计量的特点。

从经济学角度来看，债务是社会发展到一定的经济条件和政治条件的产物，是通过契约方式形成的债权债务关系。从这个角度来看，其定义就突破了会计学意义上的概念，不仅包括能够货币计量的债务，也包括经济社会发生的无法做出合理估计或不能精确计量的债权债务关系。

(二) 政府债务

《国家、私有制和国家起源》提到"……随着文明时代的发展，公民捐税不够，国家就开始发行票据、借债，即发行公债"。伴随经济社会不断发展，公共事务越来越复杂，政府职能范围也在不断拓宽，政府债务不仅反映了政府收支活动和融资行为，而且成为政府调控经济的重要手段，同时，多级次政府之间存在债务相互勾稽，下级政府的债务有成为上级政府或有债务的可能，客观上要求对地方政府债务的概念进行清晰界定。

2008 年金融危机爆发，世界主要发达经济体债务迅速增加，甚至一些发达国家出现主权债务危机，如何确定政府债务的边界引起了社会的关注。根据 IMF 公布的《公共部门债务统计指引（PSDS）》，将政府债务定义为：由所有属于债务工具的负债组成，债务工具指要求债务人在未来的某个（某些）日期向债权人支付利息和本金的金融债权。国际会计师联合会公共部门委员会在其发布的《公共部门会计准则第 1 号——财务报告的列报》中将政府债务定义为由于过去事项而引起的现时义务，该义务的履行预期会导致政府资源流出，这种流出形式可体现为经济利益和服务。我国《政府会计准则——基本准则》中明确政府债务是指政府会计主体过去的经济业务或者事项形成的，预期会导致经济资源流出政府会计主体的现时义务。由此可见，关于政府债务的定义，并没有统一确定的口径。

（三）地方政府债务

1. 地方政府债务的概念

按照债务责任主体，将政府债务分为中央政府债务和地方政府债务。中央政府债务是中央政府以其信用为基础，为筹集财政资金而发行的一种债务。受公共产品属性和发债主体财力的影响，全国性公共产品一般都由中央政府提供，因此中央政府债务规模往往都大于地方政府。同时，中央政府债务与地方政府债务并不是独立运行的，中央政府会以一定形式对地方政府债务的发行和使用进行指导，规范地方政府债务管理，确保整体债务规模和结构的合理性。

地方政府债务的概念有广义和狭义之分。狭义的地方政府债务是地方政府以债务人的身份，采用信用的形式，在财政收不抵支的情况下，为满足地区发展需要，通过借款或发行债券等形式取得资金等行为，这主要是指预算内的债务。随着债务理论的逐渐丰富以及地方政府活动领域的不断深入，狭义的概念难以覆盖现实中所有的地方政府债务，因而需要从更宽泛的角度对地方政府债务的定义进行界定。就我国而言，地方政府债务可分为两个层次：一是地方政府自身举借的债务，包括发行的地方政府债券以及向银行申请的贷款等；二是以地方政府名义举借的债务，主要是指地方政府机关、事业单位及其成立的融资平台公司以地方政府名义借入的用于建设公益性或基础性项目，此类资金在其无力偿付时构成地方政府性债务（赵全厚、孙昊扬，2011）。因此，除了传统以法律或书面形式订立的债权债务关系，广义的地方政府债务还应该包含地方政府作为公共主体需承担最终偿还责任的债务，本书的研究主要从广义视角上考察的地方政府债务。

2. 地方政府债务分类

（1）国际上对地方政府债务的分类。在地方政府债务分类中，世界银行高级专家汉娜（Hana Polackova）依据债务发生的可能性及其原因将地方政府债务分为直接债务和或有债务，根据债务发生的依据将其分为显性债务或隐性债务。

直接债务（direct liabilities）是指地方政府承担现实义务产生的债务，可以根据某些特定的因素进行控制和预测，是法律合同认可的债务。或有债务（contingent liabilities）是指基于一项有可能发生的不连续事件而产生的责任，它由某一或有事项所引发，债务是否会发生依赖于或有事项发生的概率及由此引发的债务是否由地方政府承担。或有事项发生的概率及政府可能承担的责任有赖于外部情况，因而难以预测。显性债务（explicit liabilities）是指依据法律或契约规定，明确规定地方政府需承担偿还责任的债务。隐性债务（implicit liabilities）是指不以法律或契约为依据，而是基于公众预期、政治压力或社会道义需由政府承担的义务，它是地方政府的道义责任或预期责任。[①] 上述两种分类方式下的地方政府债务存在交叉，具体见表1-1。

表1-1　　　　　　　　　　　　国际债务分类

债务来源	直接	或有
显性	（1）主权债务 （2）法定支出 （3）养老金	（1）中央政府对非主权债务及由次国家级政府、公共和私营部门实体所发行债务的担保 （2）对不同类型贷款的保护性中央担保 （3）中央政府对私人投资的担保 （4）中央保险体系
隐性	（1）公共投资项目未来的维护成本 （2）未来公共养老金 （3）未来社会保障计划	（1）地方政府或公共实体、私人实体非担保债务违约 （2）实行私有化实体的债务清偿 （3）银行破产 （4）非担保的养老基金、事业基金、社会保险基金的投资失误 （5）中央银行不能履行职责

资料来源：汉娜（Hana Polackova, 1998）。

（2）我国对地方政府债务的分类。2008年至今，我国一直实施积极的财政政策，为了刺激经济以及缓解地方财政收支不平衡的矛盾，地方政府采取多种方式获取收入来源，其中债务因其筹资规模大、筹资灵活的特点，成为地方政府获取资金的主要方式。2014年以前，我国地方政府没有举债权，导致地方政府债务形式多种多样。具体来看，我国地方政府债务至少包括以下四个方面。

一是地方政府的债务收入。即地方政府以其信用作为担保，从市场上筹集的收入。根据2014年修订的《预算法》，地方政府具备一定范围内的举债权，因此，债务收入既包括地方政府利用市场机制向投资人发行债券获取的资金收

---

① Polackova Hana. Contingent Government Liabilities: A Hidden Risk for Fiscal Stability [J]. Policy Research Working Paper Series, World Bank, 1998.

入，也包括地方政府其他行政部门在市场上筹集的资金。此类地方政府债务需纳入预算管理，最终由财政资金还本付息。

二是地方政府担保的债务。地方政府发展地区经济过程中与外国政府、国际金融组织和一些国内外经济组织签订合同时，往往要求地方财政部门对融资行为进行担保。我国《民法典》规定，地方政府及其职能部门不得为经济合同进行担保，但由于地区财政资金不足，加上此类融资的相当大一部分资金主要是用于提供地方公共产品，在各级地方政府默许的情况下，地方财政违规担保的行为仍然存在。然而，一旦被担保方不能如约履行还款义务，债权人就会通过法律程序要求地方财政承担担保责任，从而形成地方政府的担保债务。在我国，这类债务在地方政府债务中占有相当重要的地位。

三是地方政府欠款形成的债务。我国已经建立市场经济体制，为了保证经济稳定发展，仍有大量的国有企业留在竞争性领域，甚至一些地方政府成立国有投融资平台参与其中，在市场不确定的情况下，国有企业经营不善导致的亏损将转化为地方政府的债务。同时，随着投融资平台的逐渐转型，在地方政府财力有限的情况下，地方政府不得不依赖于借款进行本地区基础设施建设。此类借款也就形成了地方政府的债务。

四是地方政府的社会性债务。随着社会整体人口结构向老龄化格局转变，需要政府承担更多社会保障性支出。社会保障包括养老保险、医疗保险、失业保险和生育保障等项目，其中与各级政府财政关系最密切的是养老保险。我国养老保险体制正处于转轨过程中，存在巨大的转轨成本，而且我国已经步入老龄化社会，养老保险金欠账在未来一段时间将继续呈现上升的趋势，社会保障资金缺口将成为我国财政无法回避的重要问题。

二、地方政府债务运行机制的内涵

（一）地方政府债务发行

地方政府债务的发行是指债券由地方政府售出或被投资者认购的过程，它是地方政府债务运行的起点和基础环节，其主要内容是确定地方政府债务的发行方式和发行条件。在现代市场经济条件下，地方政府债务发行规模庞大，发行活动涉及宏观、微观经济运行的诸多方面，因而地方政府债务不仅是财政问题，也是金融和经济问题。

在地方政府债务发行过程中，最主要的是确定债务发行制度，以确保债务发行的准则和法律规范，同时明确参与者的权益。我国地方政府债务发行制度的建立和规范具有明显的制度变迁特征，是一个循序渐进的过程。通常情况下，地方政府债务发行制度主要包括以下三点。

一是债务的发行权。发行权是地方政府债务发行的起点，是法律赋予地方政府的权利。例如，美国州及地方政府债务发行权由《证券法》及州宪法等法律文件赋予，德国地方政府债务发行权来源于德国联邦的《宪法》和《证券管理法》等法律法规，日本地方政府债务发行权由日本的《地方自治法》和《地方公债法》等法律明确规定，我国地方政府债务发行权是由 2014 年新修订的《预算法》授予的。

二是地方政府债务发行的前置要求。为避免因地方政府债务引发经济危机，绝大多数国家对地方政府举借债务设置了严格的准入机制。地方政府在发行债务之前需满足不同的条件，并提交相应的文件，经同级人大代表或上级政府审批以后，方可举债。以美国地方政府债务一般责任债发行为例，州及地方政府在举债之前，需向议会提交债券使用方向、债券使用期限、投资收益等相应的内容。在我国，一般债券及专项债务的发行管理暂行办法规定，债券的发行需披露地方政府财政经济运行及债务情况，根据上述情况安排本年度债务发行限额。

三是地方政府债券发行具体程序规定。即对地方政府债务发行的主体、规模、期限、利率、信息披露、承销机构、偿债方式、信用评级要求等内容进行具体规定。

（二）地方政府债务支出

地方政府债务运行是一个循环过程，包括"借—用—还"三个环节，要使这个循环可持续，"用"这个环节是最重要的。[①] 而地方政府债务的使用活动主要包括建设期和运营期，为了保证债务资金的高效使用，需要对建设期及运营期的活动进行界定。

建设期管理活动主要包括债务资金的投向、资金拨付进度与项目建设进度

---

① 刘尚希. 地方政府债务风险不是来自债务本身 [J]. 中国党政干部论坛，2014（2）：68.

的匹配度，以及项目建设的效率，其活动的主要目的是确保债务资金用于对应的项目上，且高效地转化为资产。因此，在项目建设期需要确认债务资金是否独立建账、资金拨付是否及时按项目进度支付，同时，为了保证资金拨付与项目进度保持一致，还需确认资金使用单位是否及时向主管部门或财政部门报送资金用款计划，在资金拨付之后需要对债务资金使用情况进行跟踪检查，并对不按规定用途使用资金的行为进行处理。

运营期是项目投入使用期，在项目进入投入使用期时，需要对竣工结算的项目资产按照政府会计制度确认并纳入地方政府综合资产负债表，依据专业维护要求对资产进行保养，以确保项目资产的可持续性和安全性。同时，需要在财政部门指定的银行开立项目收益资金账户，对项目运营期内产生的收益进行记录并定期划入财政部门政府性基金账户，以确认地方政府债务的使用效率。此外，为提高项目的运营效率，还需通过市场化的方式聘请专业运营公司经营管理项目，定期公开项目绩效评审结果。

对于地方政府债务使用环节而言，最关键的是对债务资金使用进行绩效评价，确保债务资金能够被高效合理地使用。

（三）地方政府债务偿还

地方政府债务的偿还，是地方政府依约对举借的债务进行还本付息的行为。地方政府债务的"借—用—还"三个环节形成一个闭合的循环，还本付息作为这个循环的终点，也是下一个循环的起点。因此，研究选择怎样的还本付息方法、如何筹集偿债资金、如何确保地方政府债务及时兑付，有益于维持地方政府公信力，保证地方政府债务良性循环。地方政府债务偿还主要涉及债务还本付息方式及还本付息资金来源。

1. 地方政府债务还本付息方式

从地方政府债务还本付息的角度来说，可将其偿还期限分为两部分：一是宽限期（grace period），在这期间地方政府不用偿还债务本息；二是偿还期（repayment period），在这期间地方政府可采取分批或一次性偿还的方式偿还债务本息。另外，也称超过债务偿还期限的时间为延长期（extension period）（如图 1 - 1 所示）。

地方政府债务偿还方式按照不同的标准可以划分为不同的方式，其中最常见的方式是以偿还时间为分类标准，依据债务在本期偿还、到期偿还以及在延长期偿还的不同划分为期中偿还法、到期偿还法和延期偿还法，这三种偿还方式分别对应债务偿还期限的还本期、偿还期满和延长期。

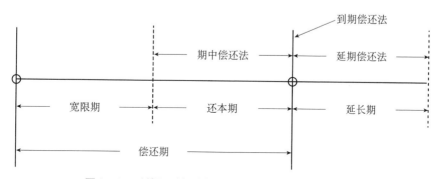

图 1-1　以偿还时间为标准的地方政府债务分类方法

此外，与国债偿还方式类似，地方政府债务还可以依据其他标准划分地方政府债务的偿还方式，按照债务偿还的频率可分为到期一次偿还法、分期逐步偿还法和抽签轮次偿还法；按照偿还的形式不同可划分为市场购销偿还法和以新替旧偿还法。上述分类标准并不是相互独立的，通过对上述不同的方式进行比较可以看出：到期一次偿还和以新替旧偿还法属于地方政府债务偿还期满后的偿还方式，而市场购销法、分期逐步偿还法、抽签轮次偿还法和期中选择偿还法则属于期中偿还法的内容。它们之间的关系如图 1-2 所示。

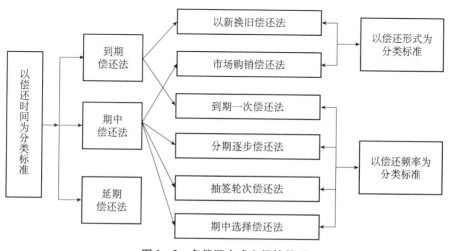

图 1-2　各偿还方式之间的关系

2. 地方政府偿债资金来源

地方政府债务还本付息的资金来源主要有四种：预算收入、债务收入、财政结余和偿债基金。

预算收入主要以税收为主。作为偿债资金的主要来源，预算将地方政府债务还本付息作为主要项目列入政府支出项目，由预算支出安排当期的债务还本付息。基于税收稳定性特征，以预算收入作为偿债资金来源能够保证债务偿还的连续稳定。值得注意的是，通常情形下，税收收入每年会保持稳定的增长态势，债务的偿还在各年之间变动比较大，偿债高峰期通常会集中于某些年份，这就导致预算收入稳定性与债务偿还期不同步的现象。

债务收入是地方政府通过在市场上举借新的债务（包括内债和外债）获取的资金，并将其作为偿债资金来源，即通过发行新的债务偿还到期债务，也就是所谓的"借新还旧"法。以债务收入作为地方政府债务的偿债资金来源，从本质上来看，仅仅是将偿债期限延长，将当期偿债责任推迟到未来，偿债责任并未消失，反而增加未来偿债负担。因此，"借新还旧"只能作为权宜之计，不能长期使用，否则会导致地方政府债务累积，严重情况下还有可能引发债务危机。

财政结余是国家预算执行结果收入大于支出的余额，即预算盈余。以财政结余作为地方政府偿债资金来源，即用财政上年结余支付本年度债务应付本息。就目前国际形势而言，各国基本奉行赤字财政政策，很难存在财政结余的年份，而各国债务规模相对庞大，且都在不同程度地累积。因此，以财政结余作为偿债资金来源，在当前经济形势及财政政策下，已经没有太多现实指导意义。财政结余仅能作为债务偿还的部分资金来源，而不是主要资金来源。

偿债基金是政府为保证所举借债务能定期偿还而设立的专项基金。政府每年从预算收入中划拨一部分资金交由特定机构管理，专门用于偿还债务，以保证债务到期时能足额偿付。通常来说，在地方政府债务尚未还清之前，政府每年都会按照一定比例拨款，以期逐渐减少地方政府债务余额。设立偿债基金的好处是为债务偿还提供稳定的资金来源，平衡债务偿还的波动性，保证债务偿还的计划性。目前，我国为盘活财政存量，国务院规定不得新设偿债准备金。

（四）地方政府债务监督

地方政府债务监管措施本质上是在给予地方政府举债权与避免地方政府债

务过大引发系列危机之间寻求平衡点，是"分权与制衡相结合"思想的具体体现。地方政府债务监管主要是对地方政府债务的发行、使用和偿还的三个环节进行监督与管理，保证地方政府债务规模、风险等在财政可控范围内。目前，国际上主要有四种债务监督方式。

1. 市场约束方式（reliance on market discipline）

市场约束实质上是利用市场机制自身的力量监管地方政府债务的运转。在现代社会，地方政府债务的具体运转需依托于金融市场，市场经济对处于市场中的事物有一定的约束力。成熟的金融市场往往会要求在市场上进行融资的地方政府及时披露与融资相关的收入及债务发行信息，以及债务后续运营信息，并通过市场力量决定地方政府是否具备举债的资格，以及地方政府举债的成本及举债的规模等事项。与其他金融工具类似，地方政府债务的"借—用—还"三个环节都需按照市场规则行事，接受市场监督。

在市场约束方式下，地方政府具备完全的举债权，可以根据地区经济发展需要、资金需求和金融市场行情决定是否举债、何时举债以及举债的规模，中央政府一般不会对其举债行为进行直接限制。市场约束方式有效实施的前提条件是自由开放的金融市场体系、健全的市场经济体制，以及地方政府债务状况及其支付能力公开透明，中央政府不承担地方政府发行债务带来的风险和负担。[①] 因此，采用市场约束方式一般都是经济发展水平较高、市场经济发展比较完善、市场体系尤其是金融市场发展比较健全的国家，如加拿大和新西兰等。

2. 合作式监管方式（cooperative approach to debt controls）

合作式监管是指中央政府通过与地方政府沟通、谈判以及信息交流等方式来实现对地方政府债务进行监督的目的。在合作监管谈判中，中央政府与地方政府需就地方政府预算总赤字金额、地方政府财政主要收支项目等内容达成一致意见，并出具指导方针。[②] 在这种监管方式下，地方政府举债的规模不仅达到了中央管理地方政府的目的，而且地方政府也因能实际参与涉及地区经济发

---

① Teresa Ter-Minassian. Fiscal Federalism in Theory and Practice ［M］. IMF, 1997.

② Teresa Ter-Minassian. Decentralization and Macroeconomic Management ［J］. IMF Working Paper, 1997.

展的宏观财政目标的设定中而融合地方政府的发展诉求。

一般而言，合作式监管方式有效实施需要中央政府拥有完善的财经管理体系，具备较强的财政管理能力，中央与地方政府之间保持信息完全对称，地方政府不存在机会主义行为倾向且地方政府之间能够相互协作、共同协商等。[①]如果不具备上述条件，合作式监管方式会诱使地方政府向中央政府索取更多的财政转移支付，削弱中央政府的领导力，导致预算软约束并引发更多的财政问题。目前，采用合作式监管方式的主要有澳大利亚、比利时、丹麦等发达国家。

3. 规则监管方式（rule-baed controls）

规则监管，即将包括债务监管在内的财政规则等内容以法律的形式确定下来，并以此规则对地方政府债务进行监管，这些规则对地方政府债务绝对或相对规模进行了约束，明确规定了地方政府举债的要求、债务用途以及偿债资金来源等内容。一些国家在制定债务监管规则时要求地方政府遵循"黄金法则"，即地方政府只能为资本性项目筹集资金，禁止将举债筹集的资金用于弥补经常性支出的缺口。地方政府只要满足相应的财政规则，举债可不需要中央政府批准。

相对来说，以既定的财政规则作为监管的基础，好处是依照规则办事，能够保证监管的公正、透明，并且在很大程度上能避免举债的随意性和讨价还价等问题出现；其弊端在于规则缺乏一定弹性，地方政府可以在预算外进行操作，以国有企业的名义在市场上举债等手段绕开规则而逃避监管，从而使得规则形同虚设。而且依托财政规则对地方政府债务进行监管存在一定的时滞性，导致监管效果不明显。美国、德国和英国等发达经济体以及巴西等新兴国家都采用规则监管的方式对地方政府债务进行监管。

4. 行政监管方式（administrative constrains）

行政监管方式是一种较为直接的对地方政府债务进行监督的方式。在行政监管方式下，中央政府对地方政府举债行为要求较为严格。首先，地方政府举债必须经过中央政府的批准或授权；其次，中央政府对地方政府债务总额和结

---

① Teresa Ter-Minassian. Fiscal Federalism in Theory and Practice [M]. IMF, 1997.

构都设定了严格的前置条件，同时，中央政府对地方政府债务的运作过程进行检查；最后，中央政府对地方政府债务进行集中发行再转贷给地方等方面都有严格规定。因此，行政监管方式包括事前、事中及事后监督。

在行政监管下，地方政府对债务的管理权限较少，主要是中央政府对其进行管理，故中央政府能在短时间内有效控制地方政府债务对宏观经济的影响。与规则监管相反，行政监管由于中央政府对地方举债控制较强，地方政府举债过程中可能存在讨价还价导致债务发行随意性较大。通常情形下，地方政府讨价还价主要取决于短期中央和地方的政治博弈，并未将宏观经济稳定因素放在首要考虑位置，同时，基于中央政府对地方政府债务的全面管理，当地方政府债务陷入危机时，中央政府也需承担兜底责任。因此，对地方政府债务采用行政监管的主要是一些单一体制国家，也有部分诸如法国、印度尼西亚和韩国等非典型联邦制国家。

第二节　地方政府债务运行机制的相关理论

地方政府债务运行机制的建立与完善无不来源于特定的理论基础，债务运行中的"借—用—还"及监管等活动必定在一定的思想、理念、主旨的支配下进行。债务运行机制的各个环节理论的构建是债务运行的指导思想，对完善我国地方政府债务管理具有重要而深远的意义。

一、公共产品和财政分权理论

1. 公共产品理论简介

继马歇尔提出"外部经济"概念之后，萨缪尔森和诺德豪斯将外部性定义为"企业或个人向市场之外的其他人所强加的成本或效益"[①]。根据企业或个人的行为对其他人的影响，可将外部性分为正外部性和负外部性。[②]

就公共产品而言，它是具有"共同消费性"（collective consumption）性质

---

① ［美］保罗·萨缪尔森，［美］威廉·诺德豪斯. 经济学 ［M］. 北京：商务印书馆，2014.
② 正外部性是指企业或个人的行为给其他人带来收益，负外部性是指企业或个人的行为给其他人带来额外的成本。

的产品和服务，能够向整体意义上的社会成员提供，由全体相关成员共同从中受益，且所带来的效用是无法在各个社会成员之间进行分割的。因此，公共产品具有正外部性。其正外部性决定了完全由市场提供公共产品无法达到帕累托最优配置，导致产品供给不足，需要政府直接或间接介入，解决公共产品的"外溢性"问题。如图 1-3 所示，坐标横轴表示公共产品的供给量，纵轴表示公共产品的价格及社会边际收益，D 是公共产品的需求曲线，MU 表示社会边际收益曲线，是由 D 向上移动边际外部性收益量得到的，S_1 曲线是公共产品的供给曲线。在无政府介入的情况下，供给曲线 S_1 与需求曲线 D 交于 E_0 点，对应公共产品的价格为 P_0、供给量为 Q_0。但由于公共产品具有正外部性，消费者会低估公共产品的收益。通过社会边际收益曲线 MU 和供给曲线 S_1 可以找到公共产品的社会最优量为 Q_1、对应的最优点为 E_1，在这一点上，社会的边际成本（由曲线 S_1 决定）等于社会的边际收益（由曲线 MU 决定）。与之相比，无政府介入所造成的福利损失为三角形 AE_0E_1 面积。假定政府对公共产品实行补贴，因补贴带来成本降低使得供给曲线由 S_1 向下移至 S_2，此时，供给曲线 S_2 与需求曲线 D 相交于 E_2 点，在这一点，公共产品的价格下降到 P_2，社会对公共产品的数量达到 Q_1，因此，政府对公共产品补贴弥补了公共产品的外部性，纠正了市场失灵。由此得出：由于公共产品存在正外部性，不能完全由市场提供，客观上要求政府参与提供，否则会降低社会整体的福利水平。

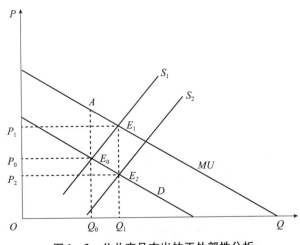

图 1-3 公共产品支出的正外部性分析

2. 财政分权理论简介

在后续的公共产品理论发展中，依据产品特性和受益范围，公共产品有了全国性公共产品和地方性公共产品之分。斯蒂格利茨认为，地方性公共产品的利益只能由特定社区的居民享有。① 从理论上来说，中央政府也可以提供地方性公共产品，但是与地方政府相比，中央政府对各地居民的需求了解更少，导致中央政府提供的公共产品无法体现不同地区的偏好，造成经济福利损失。因此，逐渐出现了多级财政理论和公共产品多级供给理论。有了这些理论作支撑，财政分权理论才能建立起相对独立的分析框架。

财政分权理论弥补了新古典经济学关于地方政府存在合理性的缺失，致力于分析为什么需要建立多级次的政府以及不同级次政府之间为什么需要进行财政分权，代表人物包括蒂伯特、施蒂格勒、奥茨、特里西。蒂伯特（Tiebout，1956）认为，流动性使地方公共产品像市场上的私人产品那样可被选择，并提出著名的"用脚投票"理论，从此将公共产品理论中对全国性公共产品的分析扩展至地方性公共产品中。② 施蒂格勒（Stigler，1957）在《地方政府功能的理由范围》中从两条原则出发论证地方政府存在的必要性：一是相比于中央政府，地方政府更具有信息优势，更易于掌握辖区内居民的偏好和需求；二是在国家内部，居民能够决定公共服务的种类和数量。为了实现资源配置的有效性和分配的公平性，决策应该在最底层的政府层级进行。奥茨（Oates，1972）在比较公共产品由中央政府集中供应和由地方政府分散供应的效率时，提出当人口异质性较强、需求偏好差异较大时，地方政府在公共产品供给上更具有效率优势。特里西（Tresch，1981）提出偏好误识理论，指出由于偏好误识导致中央政府在提供公共产品过程中出现失误，并最终得出了理论上应当要求通过地方自治来实现社会福利极大化的结论，从而为地方分权提供了更有力的理论依据（平新乔，1995）。

3. 公共产品理论、财政分权理论与地方政府债务

公共产品按产生受益的时间可分为消费性公共产品和资本性公共产品。消

---

① ［美］约瑟夫·E. 斯蒂格利茨. 公共部门经济学［M］. 郭庆旺，等译. 北京：中国人民大学出版社，2013.

② 崔运政. 财政分权与完善地方政府财政体制研究［M］. 北京：中国社会科学出版社，2012.

费性公共产品是这类产品的消耗会使社会直接受益或当期受益；资本性公共产品是此类产品在长期会形成固定资产，更多的是使社会未来受益。按照成本与收益相匹配的原则，消费性公共产品的受益应与当期成本相对应，资本性公共产品的成本则应分摊到未来的使用期。政府提供公共产品的资金主要有两种方式，一是税收，二是债务。按照公平原则，通过征税获取的资金其成本发生在当期，将其用于提供消费性公共产品，保证了本期居民缴纳的税收可享用本期的公共物品。而通过发行债务方式筹集的资金其成本需要跨期由不同期的居民承担偿还责任，资本性公共产品的受益期也是跨期的，利用债务来支撑资本性公共产品的生产，确保了公共物品的成本分摊与收益分享保持一致。因此，地方资本性公共产品需要地方政府采取举债筹集资金方式供给的特点，为地方政府举借债务提供了理论依据。

同时，由于多级政府的存在，政府财政分权关系反映的是政府在社会分工中的职能定位和公共资源配置方式（楼继伟，2014）。因此，公共产品分级供给体系下政府间的权责划分成为分权制度稳定运行的核心。但是，在分权体制下，地方政府的财权与事权很难保证相匹配，预算软约束和财政赤字成为制约地方性公共产品有效供给的障碍之一。具体而言，正常情况下，地方政府的财政收入增加较为缓慢，但是由于居民可以通过跨区自由流动决定地方政府的税收收入状况，因此为了保证潜在人口不外流，地方政府需提供更优质的公共产品，导致其支出责任加大，客观上拉大了财权与事权的缺口。同时，"用脚投票"理论也表明地方政府间存在相互竞争，地方政府为保证公共产品的优质提供，会竞相采取措施吸引投资增加地区税收收入，提供优质的公共产品意味着地方政府需增加前期投资，在预算软约束条件下，地方政府必然借助债务工具筹集资金，从而累积大量债务。这些债务是有偿的，在地方经济发展势力还未显现、税收收入增加不显著的情况下，偿还债务必然会挤压基本职能支出和再分配支出等其他方面的支出，从而影响公共产品的供给。[①] 为保证政府正常运行，地方政府需要进一步发行债务弥补此类支出的暂时性缺口。从这个角度来看，只要财政分权体制下地方政府财权与事权不匹配，举债就在所难免。

---

① 冯兴元，李晓兰. 论城市政府负债与市政债券的规则秩序框架 ［J］. 管理世界，2005（3）：29－42.

二、路径依赖理论

1. 路径依赖理论简介

路径依赖的概念源自生物学界，用于描述偶然性随机因素导致物种进化过程中出现跳跃性发展的现象，之后美国经济史学家大卫（David，1985）采用路径依赖的概念解释技术变迁的问题，将其引入社会学研究领域，大卫在研究打字机键盘技术史时发现 QWERTY 键盘在市场上占据主导地位的原因在于它出现的时间最早，打字员更熟悉这种键盘布局，在生产效率不变情况下，从一项技术转向另一项技术学习成本较高，导致打字员不愿适应新的键盘布局，从而促进了 QWERTY 键盘规模生产，进一步强化了其市场领导地位。通过"技术的相关性""规模报酬递增""投资的准不可逆性"，大卫解释了"非理性的技术解决方案成为常态"的现象。[①]

随后，美国经济学家亚瑟（Arthur，1989）系统地研究了路径依赖思想，提出技术变迁过程中存在自我强化和自我积累机制。[②] 具体来说，由于偶然因素，某项技术具有先发优势进入市场，占领市场份额，促进单位成本降低，形成规模经济，在发展过程中通过学习效应以及其他使用者使用相同的技术产生的协调效应，实现技术的自我强化和自我积累。但是，技术的路径依赖可能是达到良性循环的结果，也可能出现低效发展的结果。已有的经济史文献中，存在许多次优技术占据市场主导地位的例子。诺斯（Douglas North，2014）认为，亚瑟的技术变迁的路径依赖机制同样适用于制度变迁，并通过《西方世界的兴起》《制度、制度变迁与经济绩效》等书籍，将路径依赖的理论从技术变迁引入制度分析框架，提出制度变迁的路径依赖理论，促进了路径依赖思想在制度领域的广泛应用和发展。诺斯指出，在制度变迁中，同样存在规模报酬和自我强化机制，一旦制度变迁进入既定的路径，就会一直持续下去，即使出

---

① David, P. A. Clio and the Economics of QWERTY [J]. American Economic Review, 1985, 75 (2): 332 – 337.

② Arthur, W. B. Competing Technologies, Increasing Returns and Lock-in by Historical Events [J]. The Economic Journal, 1989, 99 (3): 116 – 131.

现更优的替代路径，这就是制度变迁的路径依赖。同样，随着技术、相对价格和其他外部约束的变化，相应市场的绩效也发生变化，制度并不一定会自动调整来保持市场的效率。①

2. 路径依赖理论与地方政府发行债权的关系

诺斯认为，一项制度在现实社会中有四种自我强化的机制：一是制度存在初始设置成本，制度的建立需要机构的支撑，机构的设置及人员的配备须投资一大笔初始成本；二是制度具有学习效应，随着制度的不断深化和完善，人们相互学习，对制度的熟悉度逐渐加强，通过掌握制度规则，使制度逐渐被采纳和接受；三是制度具备协调效应，制度的建立为人们提供了合作的空间，为了保证制度更好地发挥作用，人们会进一步投资制度建设，促进了其他有关制度甚至非正式制度的建立，从而形成制度的协调效应；四是制度具有适应性，在制度正式建立并逐步完善的过程中，制度的协调效应逐步发挥出来，人们会对制度产生认同心理及适应性预期，使得制度具备了合法性基础。长期来看，上述四种机制保证了制度达到收益递增的效果，收益递增反过来促进制度的深化，从而保证制度沿着既有的路径进一步发展，形成路径依赖。值得注意的是，一旦制度变迁沿着某一既定路径发展并得以强化，并不意味着经济和政治制度就进入良性循环的轨迹，也有可能是自我发展走向低效。诺斯认为，制度变迁过程中，路径依赖存在政治和经济上的新选择。因此，一旦制度步入低效状态，由于四种强化机制的存在，不能轻易地退出既定路径，往往需要依靠外部力量或政权变化才有可能扭转已有局面。

按照上述路径依赖理论，我国地方政府从违规举债到法律赋予其合法的举债权，就是一条制度变迁之路。具体来说，我国地方政府一开始通过融资平台公司违规举债，并在发展过程中逐渐被人们接受和熟悉，而协调效应使得地方政府举债行为不断自我强化，但是借助融资平台公司举债属于违规行为，缺乏相应的约束机制，导致地方政府债务规模不断扩大，债务风险迅速累积。为了防止地方政府举债行为在路径依赖的作用下走向低效，2014 年新《预算法》赋予地方政府举债的合法权利，建立规范的地方政府举债制度，以此来

---

① ［美］道格拉斯·诺斯. 理解经济变迁过程［M］. 北京：中国人民大学出版社，2014.

规范地方政府的违规举债行为，引导地方政府举债行为走向正确的制度变迁
路径。

三、成本效益分析理论

1. 成本效益分析理论简介

林达尔指出，如果每一个社会成员都按其从公共物品上获得的边际收益来
分担自己应承担的公共物品的成本费用，则公共物品的供给就是有效率的。但
是，公共产品具有非排他性的特性，意味着个人可以在不付费或少付费的情况
下从公共产品中受益，由此造成公共产品的实际供给偏离帕累托效率。这就导
致市场无法有效提供公共物品，而政府的性质和运行机制决定了政府成为公共
产品提供的最优选择。在社会资源有限的条件下，如何保证政府的公共支出是
有效率的，关键是政府需要把居民个人的消费需求转化为社会的总体需求。事
实上，消费者也无法准确表达自己对公共产品的需求价格，在这种情况下，西
方学者提出将成本效益方法用于地方政府支出决策中，力图在公共产品投资上
以最小的成本获取最大的收益。

成本效益分析概念首先由法国经济学家朱乐斯·帕帕特提出，其后由意大
利经济学家帕累托重新定义。1940 年，美国经济学家约翰·希克斯（John
Hicks）和尼古拉斯·卡尔多（Nicholas Kaldor）在借鉴前人思想的基础上，以
是否有潜在的帕累托改进为基础来确定项目，并不要求实际补偿。他们认为，
"如果一项工程的收益现值是正数，不管谁受损，都应当实施。因为，只要收
益现值是正数，受益者除了能补偿受损者之外，还能享有净增的效用"①。从
而形成"成本—效益"分析的理论基础，即希克斯—卡尔多标准。成本效益
分析法是通过计算公共投资项目的产出现值与成本现值之比，来确定项目是否
可行。如果政府投资一项公共项目的成本现值为 NPV_c，项目投资产出的现值
为 NPV_B，当产出成本率大于 1，则公共投资可以进行，当产出成本率小于 1，
则表示该项目是无经济效益。

产出成本率的计算公式为：

---

① ［美］哈维·S. 罗森，［美］特德·盖亚. 财政学（第十版）［M］. 北京：中国人民大学出版
社，2018.

$$\frac{B}{C} = \frac{NPV_B}{NPV_C} \qquad\qquad (1-1)$$

其中，B/C 表示产出成本率。

2. 成本效益分析理论与地方政府债务支出效率的关系

尽管理论上成本效益分析方法可以衡量公共投资项目是否可行，但在项目具体实施过程中，成本效益分析方法运用并不是一件容易的事。对于私人物品来说，收益是市场确定的商品价格，成本是厂商生产的费用合计，其成本效益比可被明确计算出来。对于公共物品来说，除了经济维度的成本和收益，还存在社会层面的成本和收益，如何衡量这些成本和收益，则是政府进行公共投资时需要考虑的问题。具体来说，在公共项目评估过程中，由于居民不能准确表达自己对公共产品的需求价格，导致难以通过市场价格来量化公共产品成本与收益，或者找到的市场价格可能也是被扭曲的，因而无法准确衡量项目的成本与收益价值，尤其是项目的社会价值。因此，公共投资的成本效益分析需要使这些难以量化的成本和效益尽可能表示出来。为了弥补市场价格的不足，学者们引入影子价格，在公共项目评估中，通过影子价格测算公共项目的成本收益，能够促进资源的优化配置。值得注意的是，成本效益分析法在同一个项目具有不同成本备选方案时，需比较不同方案成本的大小，并选择成本最小的方案。

根据公共产品理论，地方政府债务主要用于资本性公共产品支出，研究地方政府债务支出效率主要是研究地方政府债务支出的成本与效益之比。地方政府债务支出的成本，即地方政府用于资本性公共产品的债务投入额，也即地方政府债务发行额度，通过地方政府相关网站可以准确获得相应的数据，因此，地方政府债务成本较容易获取。而大部分地方政府债务投向的是无收益的公益项目，例如，城市公共交通的改善，缩短了通勤时间，提高了居民的生活质量，这些都属于该项公共投资项目获取的可见收益，但是如何衡量此类收益，是地方政府债务支出收益的关键，学者提出采用间接量化的方法对这些事项的收益进行大体估计。[①]

---

① 张志超，倪志良 . 现代财政学原理（第五版）[M]. 天津：南开大学出版社，2015.

四、跨期预算约束理论

1. 跨期预算约束理论简介

在凯恩斯的宏观经济理论框架下，对家庭来说，收入是一个既定的变量，每个家庭面临的选择是将多少收入用于当期消费。因此，凯恩斯在这个理论之下得出著名的边际消费倾向递减的规律，即当人们的收入增长时，消费也会随之增长，但是消费增长不如收入增长速度快，从而将居民的收入和消费联系起来。但是，凯恩斯的消费理论中，居民的消费仅考虑当期收入，即当期消费仅与当期收入相关。在现实经济活动中，居民的消费并不仅仅受到当期收入的影响。因此，为了使经济理论更进一步接近现实，在凯恩斯之后，许多学者研究的消费理论都建立在居民会实施跨期选择的基础之上，并逐渐形成跨期预算约束理论。

与微观经济学类似，跨期预算约束理论中家庭的消费组合同样可用效用函数和预算约束线来分析。如图 1-4 所示，在两时期模型中，横坐标表示第一时期，纵坐标表示第二时期，两时期的预算约束线为直线 AB，预算约束线上的每一点都表示两期消费的不同组合。其中，E 点表示每期消费正好等于当期收入的情况，E 点左侧表示家庭在第一期的消费小于其当期收入，家庭选择在第一期储蓄，且距离 E 点越远，家庭储蓄越多；E 点右侧表示家庭在第一时期的消费大于其当期收入，家庭会产生负债。跨期效用函数为 $U(C_1, C_2)$，图中无差异曲线 U 表示 C_1 和 C_2 的各种组合给家庭带来的效用是无差异的。同样地，家庭在两时期消费配置上的最有决策发生在无差异曲线与跨期预算约束线相切的切点上。如果切点位于 E 点左侧，则家庭在第一期消费超过收入，如果切点位于 E 点右侧，则家庭在第一期消费小于收入。

2. 跨期预算约束理论与地方政府债务偿还的关系

根据跨期预算约束理论，理性决策的消费者其家庭消费行为是一个考虑到跨期收入变量的行为选择，即过去、现在及未来的收入会共同影响当前的消费，并保证在整个生命周期内，消费的现值不会超过其收入的现值。也即他们会把一生的总收入在生命的各个阶段进行配置，使消费效用最大化。因此，在收入水平可预期的情况下，在任何一个给定的时期，居民的消费可以超过其收

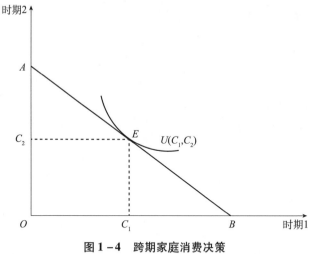

图1-4 跨期家庭消费决策

入，也可低于其收入，一个将来收入很高的家庭，其当期消费会超过当期收入，在当期会成为一个借款者，则该家庭的无差异曲线和跨期预算约束线的切点发生在图1-4的 E 点左侧；一个当期收入很高的家庭，其当期消费会低于收入，在当期会成为一个储蓄者，该家庭的无差异曲线和跨期预算约束线的切点发生在图1-4的 E 点右侧。跨期预算约束理论认为，无论是成为借款者还是储蓄者，消费者在选择消费时都是跨期的，他们会考虑当期消费对未来收入和给消费带来的影响。他们的消费决策，既依赖于对未来收入的预测，也取决于储蓄所带来的利息收入或借款需要支付的利息成本，以保证跨期行为能提高家庭整体的效用。

将家庭替换为地方政府，可以通过跨期预算约束理论解释地方政府债务偿还问题。具体来说，地方政府每期的财政收入相当于居民的当期收入，而提供的公共物品和公共服务相当于居民的消费，地方政府为资本性公共产品举借的债务相当于居民的借款，债务利息相当于居民的借款利息。按照公共产品理论，地方政府举债主要是用于生产资本性公共产品，此类公共产品的增加有助于拉动地区经济增长，带动财政收入增加，如果资本性公共产品所带来的财政收入足以弥补债务的本金及其利息，则举债可以促进地区经济进入良性循环，地方政府在当期举债是合理的，并且地方政府会增加当期的举债规模。如果地方政府未来的财政收入不足以偿还债务本金及其利息，表明地方政府债务将不可持续，未来可能会发生债务违约事件。跨期预算约束理论表明，地方政府在举借债务过程中需考虑诸如融资成本和未来偿债能力等问题。

五、权力制约理论

1. 权力制约理论简介

权力制约是西方国家行政监督制度的理论基础，西方权力制约理论的萌发来源于古希腊、古罗马时期的权力分化思想。随着学者们对权力分化认识的丰富，逐步形成了混合政体理论，混合政体理论主张社会的不同阶层应共同参与政府职能，以此来防止任何一个阶层将自身的意志强加于其他阶层，避免权力滥用及寻租腐败，从而为权力制约理论奠定了基础。最初的权力制约理论是一种权力分权理论。波利阿比是第一次明确提出分权思想的思想家，他指出只有以权力制约权力，才能避免权力专横和蜕变的趋向。洛克（1964）通过考察政府存在的目的及政府所拥有的不同权力之间的关系，主张国家权力分为立法权、执行权和对外权，并提出"当人们发现立法行为与他们的委托相抵触时，人民仍然享有最高的权力来罢免或更换立法机关"。孟德斯鸠（1996）在洛克分权理论的基础上，认为"一切有权力的人都容易滥用权力"，因此，"要防止滥用权力，就必须以权力约束权力"，并形成其著名的三权分立学说。洛克和孟德斯鸠的思想后来成为美国政府设立的理论指南。汉密尔顿和杰弗逊（1980）指出，"防止把某些权力逐渐集中于同一部门的最可靠办法就是给予各部门的主管人抵制其他部门侵犯的必要法定手段和个人的主动"。随着分权理论的推进，霍布斯指出，人们一旦交出某些权利，他们就有义务维护因这些个体权利聚集而生的权利。[①] 托克维尔从社会出发，指出"如果人们之间不能随时仿造出类似的社团，我看不出任何可以防止暴政的堤坝"[②]。从而关注公民及社会组织在权力制约中的作用。

权力制约的实质是通过法律的手段将权力控制在合理范围内的行为。因此，从以上权力制约理论来看，对权力的制约方式可大致归结为两大类："以权力制约权力"和"以权利制约权力"。以权力制约权力实质上是权力结构内

---

① ［美］托马斯·霍布斯. 利维坦［M］. 黎思复，黎廷弼，译. 北京：商务印书馆，1986.
② ［法］托克维尔. 论美国的民主（上卷）［M］. 董果良，译. 北京：商务印书馆，1988.

部的相互制约；以权利制约权力，则是依靠社会力量制约权力，社会制约最主要来自两个方面：公民的权利和社会组织的权利。随着公民权利越来越受到重视以及各种社会组织力量的发展，以权利制约权力的方式逐渐成为权力制约理论研究的新方向。

2. 权力制约理论与地方政府债务监督的关系

权力制约理论为行政监督提供了坚实的理论基础。监督行政权的使用是行政监督的核心内容，由于社会运行的需要以及公共产品的属性，法律赋予行政机关分配或再分配社会资源的权力，这种支配社会资源便利性的权力，容易诱发权力腐败。具体来说，具体行使行政权的是国家公职人员，他们在法律上代表公众利益，实现公共利益最大化是他们的职业责任，但个人利益最大化是他们作为市场上经济人的目标，在现实生活中，追求公共利益最大化未必会带来个人利益最大化。因而在公共权力运行中，当个人利益与公共利益相矛盾时，就产生了利益冲突，利益冲突可能诱发公职人员通过对行政权施加影响来"以权谋私"，导致公共部门腐败的发生，因此，需要制约行政权的运行，对行政权力进行必要的监督。

亨廷顿（1968）认为，腐败程度与社会和经济现代化的速度发展有着相当密切的关系。经济社会的快速发展对资本性公共产品提出更多的要求，使得政府不得不大量举债提供更多的资本性公共产品，因此，地方政府在地区资本性公共产品配置领域具有垄断地位，利益冲突的存在使得公职人员可能会选择效率低但是能给个人带来最大利益的公共产品提供方案，使得腐败发生。因此，有必要对地方政府债务运行进行监督，避免社会整体福利的损失。

第二章

中国地方政府债务运行的现状分析

按照不同的发展阶段和特点，本章将地方政府债务发展历程分为四个时期，并对各个时期地方政府债务发展的状况进行分析。根据公开的地方政府债务数据，研究我国地方政府债务的现实发展状况并据此分析存在的问题。

第一节　中国地方政府债务的历史演进

一、1949～1978 年：统收统支，零星发债

新中国成立初期，我国通货膨胀趋势日益严峻，经济发展亟待改善，社会生活亟须修复，但财政资金短缺，导致经济恢复缓慢，社会生活难以提质。在此背景下，为了促进国民经济恢复，将有限的财政资金集中用于关系国计民生的重大项目，迅速建立并壮大国营经济，我国通过借鉴苏联的经验，建立了高度集中的计划经济体制。在计划经济体制指导下，"整个国家仿佛是一座大工厂，企业则是一个生产车间。很多企业由中央部门直接管理，与所在地方没有关系"①。与之相适应，这一时期我国的财政资金管理采用的是统收统支办法，整个国家是一个单一的整体，财政收支统一由中央政府管理，地方财政收支统一归中央政府管理，地方政府只是国家统一管理的一个环节，其收支缺口由中央财政补齐。因此，通常不会出现地方政府因为赤字而借款的情况。地方企业

---

① 苏东斌. 当代中国经济思想史断录 [M]. 北京：社会科学文献出版社，2009.

和地方政府出现收不抵支时采用的是银行信贷弥补资金，中央政府通常采取计划和行政手段管理信贷资金来规范地方行为。

这一时期，整体财政体制处于"统收统支"的状态，为了进一步恢复国民经济、促进国家建设、为地区提供财力支持、夯实经济基础，地方政府在中央政府的批准下零星发行了人民胜利折实公债和地方经济建设公债。

新中国成立初期，受历史因素影响，我国整体经济发展重心在东北，为最快速度恢复生产建设，1950年2月15日，中央政府颁布《关于发行人民胜利折实公债的决定》（以下简称《决定》），允许东北人民政府发行新中国第一例地方政府债券。为了维护人民的利益和新中国的信誉，《决定》对第一笔地方政府债券的资金募集方式、发行对象、利率水平、偿债方式、收入归属以及管理机构等方面都做了详细的规定，使得债券发行超额完成。通过发行此次地方政府债券，迅速为生产筹集了建设资金，保证了财政收支平衡，遏制了通货膨胀趋势，改善了社会经济发展状况。1956年，我国基本完成了对农业、手工业和资本主义工商业的社会主义改造，国家整体经济逐渐好转，并于同年偿还折实公债的全部本息，当年4月，毛泽东同志在《论十大关系》中提到"应该在巩固中央统一领导的前提下，扩大一点地方的财力，给地方更多的独立性，让地方办更多的事情"。这为第二次发行地方政府债券打下基础。

1958年，我国发行了这个阶段的第二次地方政府债券，即地方经济建设公债。随着第一个五年规划的提前完成，为进一步挖掘经济发展潜力和地方政府发展能力，中央政府公布了《关于发行地方政府公债的决定》，允许地方政府在必要的时候发行地方建设公债，并于第一届全国人大常委会第九十七次会议上通过了《中华人民共和国地方经济建设公债条例》，部分地方政府根据上述两个文件不同程度地发行了"地方经济建设公债"。[①] 此次发行的地方经济建设公债迅速筹集了财政资金并推动了各地生产建设，但由于此公债的发行与"大跃进"时期重叠，公债的发行规模存在偏离现实状况的可能。

随着计划经济体制的逐步形成，国家整个社会经济从原来"积贫积弱"

---

① 具体来说，1959年发行地方经济建设公债的省份有四川省、安徽省、福建省、黑龙江省、辽宁省、吉林省，1960年有安徽省、福建省、黑龙江省、江西省，1961年仅有安徽省。

的状况逐渐步入正轨，财政收入逐渐增加，中央能够通过税收和利润上缴等方式控制全国的财力，无须再通过举债筹集建设资金。此后，由于特殊的国际国内环境，我国在相当长一段时期内没再发行债券，并在"统收统支"财政体制指导下，贯彻执行"既无外债也无内债"的政策方针。纵观这一阶段零星发行的两次地方政府债券，发现在经济建设初期，通过地方政府债券的形式筹集资金不仅能够迅速恢复稳定经济的重大项目，促进地区经济增长，而且能够满足居民生产生活需要。同时，"谁发行谁受益"的原则也充分调动了企业和居民的生产积极性，加速了地区经济发展。但受限于当时的政治环境以及经济体制，债券并没有大规模发行。

二、1978～1994 年：行政发债，多措并举

这段时期我国处于计划经济向社会主义市场经济转轨阶段，我国财政体制经历了两次重大的变革：一是 1980 年的"划分收支，分级包干"；二是 1985 年的"划分税种，核定收支，分级包干"。依据这两次财政体制变革，地方政府债券发展也可分为以下两个阶段。

一是 1978～1984 年的"划分收支，分级包干"阶段。这一时期，社会主义经济建设规模不断扩大，经济关系日益复杂，人民物质文化生活需求不断升级，我国原有的"统收统支"财政体制开始阻碍经济运行效率，不适应新形势的发展要求。在此背景下，党的十一届三中全会提出"现在我国经济管理体制的一个严重缺点是权力过于集中，应该有领导地大胆下放，让地方和工农业企业在国家统一计划的指导下有更多的经营管理自主权"。国家开始在某些经济领域放权让利，其结果是财政收入下降、财政赤字产生。为了弥补国库的不足，政府开始筹划发行债券。1981 年公布的《中华人民共和国国库券条例》规定，"国库券主要向国营企业、集体所有制企业、企业主管部门和地方政府分配发行"。据 2011 年审计署《全国地方政府债务审计结果》显示（见表 2－1），1980 年全国有 4 个市级地方政府举债，有 51 个县区地方政府举债，而截至1985 年，全国已有 28 个省级地方政府举债，相当于我国大部分省级地方政府通过不同形式举借了债务。但是这一阶段的政府债券仅仅是财政筹资的工具，并不是金融工具（李雪、李孟刚，2017）。同时，为满足地区经济发展需要并

调动地方经济建设的积极性，1979 年，各地区、各部门开始试行"拨改贷"①，允许地方政府使用机动财力安排的基本建设贷款基金。1982～1984 年，"拨改贷"投资维持在每年 30 亿元左右②，其通过有偿的办法管理财政投资，使得大规模运用信用工具参与基础设施投资成为可能。广东省在 20 世纪 80 年代初推行"贷款修路、收费还贷"政策，即省内各地政府集资贷款建桥修路，待道路建成后对通行车辆收费的方式偿还贷款，这种政府借钱发展地区基础设施建设的模式正是地方政府融资平台的前身。③

二是 1985～1994 年的"划分税种，核定收支，分级包干"及"包干制"阶段。经过前一阶段的"放权让利"，我国的财政分配结构发生了很大的变化，为各级政府划分财政收入奠定了新基础，促使财政管理体制改革。在党的十二届三中全会上，国务院决定从 1985 年起，实行"划分税种，核定收支，分级包干"的财政体制，坚持"统一领导，分级管理"的原则，进一步明确各级财政的权利和责任，充分发挥中央和地方两个积极性。④ 1988 年进一步提出"地方财政大包干"体制，壮大了地方的财力，地方政府发展地区经济的积极性日益高涨。受财政体制的影响，1985 年中央对地方基础社会建设全面实施"拨改贷"，导致地方政府融资成本提高，而财政体制的改革使得地方政府的职能不仅仅是承担地方社会管理、社会事业、社会福利和社会发展，而且还肩负着辖区内相当庞大的国有资产所有者的职能⑤，进一步加大了地方政府财政支出压力，地方政府开始探索采用债券的形式筹集资金。但是，中央对当时经济形势的判断是"国民经济增长过快，固定资产投资过猛"，并在 1985 年出台《国务院办公厅关于暂不发行地方政府债券的通知》，要求地方政府不要发行地方政府债券。地方政府开始寻求预算外渠道以及各种财政信用方式筹集建设资金。1986～1990 年，我国新增 121 个市级、833 个县级政府举借了政府债务（见表 2－1）。这段时期，虽然地方政府被禁止举债，但是国债的发展

① 拨改贷指基本建设投资由原来的财政无偿拨款方式向有偿拨款方式过渡。

② 刘立峰，等. 地方政府融资研究［M］. 北京：中国计划出版社，2011.

③ 高旭东，刘勇. 中国地方政府融资平台研究［M］. 北京：科学出版社，2013.

④ 陈光焱. 中国财政通史（第十卷）中华人民共和国财政史（下）［M］. 长沙：湖南人民出版社，2013.

⑤ 樊丽明，等. 中国地方政府债务管理研究［M］. 北京：经济科学出版社，2006.

为后来地方政府债券的发展奠定了良好的基础。在国债市场上，国家开始逐步放开政府债券流通转让市场，并致力于探索政府债券开放流通交易市场。1988年，政府组建了国债的柜台市场，即场外市场，逐步开放公债的交易；1991年，金融市场出现了国债发行的承购和报销；1993年，出现了我国第一批国债自营商，由财政部和证监会批准的19家银行和金融机构组成。[①]

表2-1 全国各地区政府债务发行情况

年度区间	省级			市级			县级		
	当期举债数量	累计数量	累计占地区比例（%）	当期举债数量	累计数量	累计占地区比例（%）	当期举债数量	累计数量	累计占地区比例（%）
1979~1985	28	28	77.78	56	60	15.31	300	351	12.63
1986~1990	5	33	91.67	121	181	46.17	833	1184	42.61
1991~1996	3	36	100	172	353	90.05	1221	2405	86.54

资料来源：审计署《全国地方政府债务审计结果》（审计结果2011年第35号）。

这一阶段，经历了由计划经济向市场经济的过渡，财政体制改革是在计划经济体制框架下进行的局部政策调整，并不触及经济体制的根本。然而，以1992年邓小平南方谈话为契机，我国开始以建立社会主义市场经济体制为改革目标，全面进入改革开放，我国地方政府债务也进入快速扩张的阶段。这一时期我国的金融体系初步建立，金融监管存在诸多漏洞，银行信贷资金成为地方政府筹集收入的重要来源，整个金融市场成为各级政府的"钱袋子"（刘立峰等，2011）。同时，国外贷款也成为地方政府获取资金的重要手段。以世行贷款为例，1988年财政年度，我国和世界银行签订的贷款协议总额达到17亿美元。地方政府通过各种措施筹集的资金在推动地方基础设施建设方面发挥了重要作用，但是由于举债方式的不规范，导致债务问题开始凸显出来。1993年，国务院颁布了《国务院关于坚决制止乱集资和加强债券发行管理的通知》，明确规定"地方人民政府不得发行或变相发行地方政府债券"。

三、1994~2008年：曲线筹资，规模膨胀

"分灶吃饭"财政体制着重于重新划分中央和地方的财力，并侧重于向地

---

① 李雪，李孟刚. 地方政府债及其信用评级研究［M］. 北京：经济科学出版社，2017.

方财政让利，但财政支出并未作出调整，导致地方在与中央的博弈过程中逐渐获得主动权，地方政府逐步发展为责、权、利相结合的相对独立的一级预算主体，弱化了中央财政对地方的调节能力，也削弱了中央对社会、经济的宏观调控能力。中央本级收入占 GDP 的比重由 1984 年的 9.15% 下降到 1993 年的不足 3%，其占总财政收入的比重由 1884 年的 40.51% 下降至 1993 年的 22.01%，两个比重的迅速下降（如图 2 - 1 所示），中央政府在国家管理中陷入较大危机。为了解决"弱中央"的财政状况，1994 年，我国决定实行分税制改革，其核心是建立与社会主义市场体制相配套的财政体制，正确处理中央与地方的分配关系，合理划分中央与地方的事权与支出责任，明确中央政府与地方政府各自承担支出的范围，通过系列文件的明文规定，基本奠定了我国目前的中央与地方财政格局。

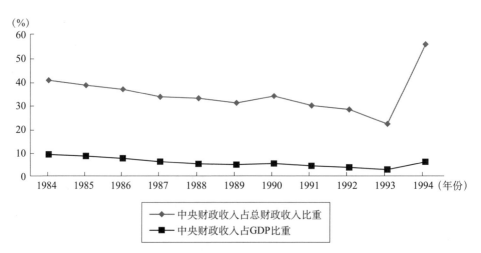

图 2 - 1　1984 ~ 1994 年中央财政收入占总财政收入比重及其占 GDP 比重

资料来源：《中国财政年鉴（2020）》。

分税制改革后，地方财政自给率从 1993 年的 1.02 下降到 1994 年的 0.57（如图 2 - 2 所示）。同一时期，中国城市化和工业化进程不断加快，大量人口涌入对城市基础设施和公共事业提出新要求，导致地方政府承担的事权和支出责任不断加重，地方财政缺口进一步拉大。为了平衡财政收支不对称的矛盾，地方政府积极寻求预算外收入和制度外融资。土地拍卖收入成为地方政府主要的预算外收入来源，但是由于房市逐渐进入调整期，房地产市场进入下行阶段，房价面临较大的下降压力，导致地方财政收入受到影响。加上 1996 年中央全面清理预算外资金进一步收紧了地方政府收入渠道，财政收支差额日益扩大。因此，在这一阶段，制度外融资成为地方政府重要的筹资渠道，"政府性融资平台 + 政策性银行"和"国有商业银行的政府背景贷款 + 地方财政担保"是地方政府融资基本模式，也成为地方政府债务规模扩张的主要途径。

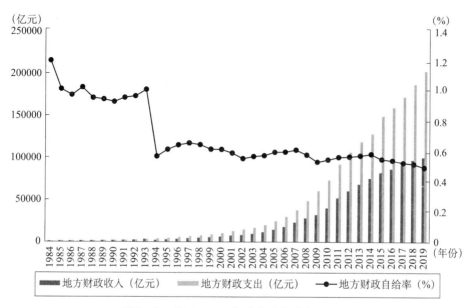

图 2 - 2　1984 ~ 2019 年地方政府财政自给率

资料来源：《中国财政年鉴（2020）》。

　　社会经济体制决定财政体制。[①] 市场经济体制改革促进我国公共财政体制的逐步建立，改变了以往行政干预经济的局面，这为依托政府信用、依靠政府财力的政府融资平台提供外部发展空间。同时，城市发展对基础设施建设需求增加与地方财政自给率逐渐下降之间的矛盾，促进地方政府内部通过成立融资平台获取自有资金的冲动。此外，市场经济制度建立初期，我国金融市场不发达，金融制度不健全，地方政府可以在不违反 1994 年颁布的《预算法》、1995年颁布的《担保法》以及 1996 年颁布的《贷款通则》的基础上，合理举借债务。因此，地方政府融资平台在这样的背景下应运而生。根据 2011 年审计署

---

　　①　谢旭人. 中国财政 60 年（上卷）［M］. 北京：经济科学出版社，2009.

的审计结果公告，截至1996年，全国所有省级政府均产生了政府债务，市级和县级政府分别有90.05%和86.54%存在政府债务。通过初步探索经由融资平台建设基础设施，地方政府为之后融资平台的迅速发展积累了经验。

1998年亚洲金融危机为地方融资平台推广提供了契机，也成为地方政府融资平台快速发展的助推器。金融危机使得我国外贸出口严重受创，国内深受通货紧缩的困扰，导致整体经济增长受阻。为此，中央决定实施积极的财政政策，启动国债投资，并将国债转贷给地方政府使用。据统计，1998~2005年，中央共转贷了2450亿元给地方使用，占总发行国债的1/3（王婷婷，2017）。1998年，财政部发布《国债转贷地方政府管理办法》，规定中央可以为审批通过的基建项目提供财政支持，但地方政府也必须安排一定比例的配套资金。[1]地方政府为了获得中央的转贷资金，采取包括举债在内的多种方式来筹措相应的配套资金（苑梅，2017），这在一定程度上促进地方政府自行举债或变相融资。根据2004年财政部的调研报告，当年政府性投资平台的债务大概是4000亿元，约占到政府债务的37%（宋军，2015）。融资平台的快速发展为经济社会发展埋下了较大的隐患，国务院在2004年发布《国务院关于投资体制改革的决定》，试图规范地方政府平台的发展，但是地方政府开始借鉴国外基础设施建设经验，通过BT、BOT、ABS等新型融资方式吸引民间资本参与市政建设，使得市政建设的投资与运营主体呈现多样化特征，地方政府债务的风险也逐渐隐蔽。

与此同时，在积极财政政策和宽松货币政策的惯性作用下，政策性银行和国有商业银行的政府背景贷款也成为地方政府获取资金来源的重要方式。1998年，国开行通过取得地方政府信用为支撑，构建以"大额承诺、滚动计划、资金平台、融资拉动"为核心的开发性金融合作协议的基本模式[2]，给地方政府注入信用额度，提供贷款。由于国开行不受中国人民银行的信贷规模限制，导致国开行通过融资平台公司贷给地方政府的款项数额巨大。截至2006年，国开行已与30个省份、348个地市、906个县级政府共同建立平台，签订了开发性金融合作协议，覆盖率分别达到94%、90%和47%。[3]受益于这一模式，

---

① 高旭东，刘勇. 中国地方政府融资平台研究［M］. 北京：科学出版社，2013.
②③ 详见《财经》2006年第10期"博弈打捆贷款".

地方政府以财政性资金注入、国有资产存量等方式成立政府性投资公司，并授权这些投资公司代替政府在市场上进行投融资活动，从事基础设施和公共服务建设与运营。依托政信用背景并有政府提供直接或间接担保，各金融机构加大与投资公司的合作，间接建立银政合作关系，为地方政府提供大量的信贷资金。2002 年，政府背景的基础设施新增贷款额度为 3200 亿元，占新增中长期贷款的比例为 40.2%，到 2008 年，政府背景的基础设施新增贷款额度达到1.1 亿元，占新增中长期贷款的比例为 48.2%，比例大幅提升（见表 2－2）。在这一阶段，依托地方政府的支持和保护，信托在国内迅速发展，地方政府借助自己的信托企业向外地信托企业或专业银行进行同业拆借，吸引不同金融机构到本地投资或给本地提供贷款，从而绕开《贷款通则》的约束为基础设施项目融资。例如，上海 5.5 亿元的外环隧道项目以及天津滨海新区 3.5 亿元的基础设施项目，均是通过信托计划获得的建设资金。

表 2－2　　　　　主要金融机构投向政府背景基础设施领域的新增贷款及比例

年份	基础设施新增贷款额度（万亿元）	占新增中长期贷款比例（%）
2002	0.32	40.2
2003	0.64	45.5
2004	0.63	46.0
2005	0.62	51.7
2006	0.65	37.6
2007	0.79	33.2
2008	1.1	48.2

注：主要金融机构包括政策性银行和商业银行；基础设施领域包括交通、能源、水利、环境、公共设施。

资料来源：2002～2008 年《中国货币政策执行报告》。

此外，通过地方财政担保的方式吸引外资，也是本阶段地方政府筹集资金的主要方式。随着我国对外开放程度的提高以及国际交流的深入，受政治经济关系改善的影响，外国政府贷款具有贷款规模大、还款期限长、贷款利息低等优势影响，我国地方政府开始在基础设施、社会发展和环境保护等领域大量利用外国贷款。然而，在引进外资过程中，许多外国政府以及国际金融机构为了确保贷款能够及时收回，在签订贷款合同时都要求地方财政进行担保。1998

年实施积极财政政策和宽松货币政策之后，在政绩考核压力下，地方政府均会授意财政部门违规担保，以获取资金进行基础设施投资来刺激经济，导致我国外币贷款社会融资规模快速增加。2002～2007 年，我国外币贷款社会融资规模从 731 亿元增加到 3864 亿元，增加了 5.29 倍（见表 2 - 3），这些均构成地方政府直接债务。

表 2 - 3	2002～2007 年我国外币贷款社会融资规模				单位：亿元	
年份	2002	2003	2004	2005	2006	2007
外币贷款社会融资规模	731	2285	1381	1415	1459	3864

资料来源：2002～2007 年《中国统计年鉴》。

我国地方政府在融资方式上呈现两个特征：一是发债主体的"隐性化"，地方政府通过投融资平台（一般隶属于政府的国有企业）以公司的名义在市场上发债融资，所产生的债务表面属于企业负债，但实际上最终都需要地方政府兜底；二是融资渠道的"隐性化"，在不能举债的前提下，地方政府变相通过政府和社会资本合作、政府购买服务、国有企业融资以及企业债券等方式获取资金，使得地方政府的融资行为游离于中央和地方人大的监督之外，导致各级政府和所有政府部门都能以各种名义进行融资活动，以至于无法获取我国地方政府债务的规模、种类及用途等基本情况。同时，由于债务监管缺乏，债务资金的经济效益差，"豆腐渣"工程屡见不鲜，社会效益并未体现出来（高培勇、宋永明，2004）。我国地方政府债务管理难度加大，债务风险升级。

四、2008 年至今：规范发展，有序扩张

不可否认的是，地方政府通过融资平台举借的债务在推动地区经济社会发展过程中发挥了积极作用，但是融资平台举债行为不规范、投融资方式种类繁多，对其监管存在一定难度，导致地方政府债务规模急剧膨胀，地方财政存在重大风险。在这一阶段，2008 年金融危机的爆发将地方融资平台发展推向了新高度，并在发展过程中暴露更多的短板和问题。为了防范地方政府债务风险扩大引发系统性风险，2014 年人大常委会审议并通过修订的《预算法》以及国务院颁发的《关于加强地方政府债务管理的意见》标志着地方政府债务逐渐走向规范发展、有序扩张的道路。

2008 年爆发的次贷危机引发全球金融危机，中国无法独善其身，经济同样遭遇了前所未有的困难与挑战。我国提出"保增长、扩内需、调结构"的宏观政策，并提出四万亿的投资计划来应对经济危机的冲击。在这四万亿的投资中，中央政府出资 30%，其余 70% 的资金由地方政府配套提供。为了解决配套资金的提供，2009 年我国开启了中央代地方发行债券的举措，中央当年代地方发行了 2000 亿元的地方政府债券。为了规范地方债券的管理，中央制定了《2009 年地方政府债券预算管理办法》《2009 年地方政府债券资金项目安排管理办法》《财政部代理发行地方政府债券财政总预算会计核算办法》等文件，对地方政府债券的发行方式、发行期限以及资金管理作了相关规定。

在金融危机大背景下，地方经济增长乏力。2009 年的《关于进一步加强信贷结构调整，促进国民经济平稳较快发展的指导意见》提到"支持有条件的地方政府组建投融资平台"，此举被地方政府解读为中央对投融资平台的肯定和支持，以应对危机、响应中央政策为借口，突破法律的约束，成立众多的融资平台。据银监会不完全统计，截至 2009 年末，成立的地方政府融资平台为 8000 多家，2009 年全年新增 2000 多家，其中大部分为县级融资平台（陈志勇、庄佳强，2017）。通过急剧新增的融资平台公司，地方政府开始大规模地从银行及资本市场上获取借贷资金用于区域内基础设施建设。根据中金公司报告显示，2009 年银行新增贷款中，地方融资平台获得的贷款额度占总额度的四成，数额达到 3.7 万亿元，在 2009 年末，地方融资平台从金融机构获取不含票据的贷款余额接近 7.2 万亿元。从贷款余额地区分布来看，贷款地区主要集中在发达地区以及县级政府，发达地区融资平台贷款余额占总额的 60% 左右，县级融资平台占比为 25%。从贷款余额来源看，融资平台从国家开发银行获得的贷款（以基本建设贷款为统计口径）占比达到 70% 左右，从上市银行获得的贷款余额约占 11.8%。

由以上分析可知，地方融资平台资金来源主要是银行贷款，随着贷款规模的扩大，地方政府债务风险也逐步升级，作为地方政府与资本市场的纽带，地方财政风险可以通过融资平台向银行系统挤压，最终转化为金融风险（苏英，2019）。因此，2010 年国务院下发《国务院关于加强地方政府融资平台公司管理有关问题的通知》，要求对地方融资平台进行整理和规范。这在一定程度上降低了融资平台的热度，减缓了其债务规模扩张的势头，据相关数据统计，到2010 年底，商业银行贷款增速降至 26.25%。（周孝华、周青，2012）。同年 7月，《关于贯彻国务院关于加强地方政府融资平台公司管理有关问题的通知相关事项的通知》进一步加强对融资平台的管理。同年 11 月，国家发改委办公厅下发《进一步规范地方政府投融资平台公司发行债券行为有关问题的通知》，对融资平台管理的细节内容进一步规范。经过系列文件对地方融资平台的严格管控，投融资平台得到逐步规范。截至 2012 年底，地方融资平台银行贷款余额为 9.3 万亿元（楼继伟等，2014），其中纳入地方政府债务审计范围的融资平台公司为 7170 家①。

当"以企业债为名，行市政债之实"的现象越来越多的时候，也就意味着制度变迁的条件日渐成熟。② 因此，为了规范地方政府举债行为，在中央"代发代还"地方政府债券两年以后，2011 年财政部颁布《2011 年地方政府自行发债试点办法》，同意上海市、浙江省、广东省和深圳市四地区在国务院批准的额度内试点发行地方政府债券。2013 年底，《中共中央关于全面深化改革若干重大问题的决定》允许"地方政府发债等多种方式拓宽城市建设融资渠道""建立规范合理的中央和地方政府债务管理及风险预警机制"，并于当年新增山东省和江苏省成为地方政府债券"自发代还"试点。2014 年的《关于 2014 年深化经济体制改革重点任务的意见》，提出要规范政府举债融资体制。同年，财政部颁发了《关于 2014 年地方政府债券自发自还试点信用评级工作的指导意见》，规定未来要从经济运行、财政收支、债务规模等方面评价地方债的信用水平。③ 此外，财政部还印发了《2014 年地方政府债券自发自还试点办法》，允许 10 省市试点自发自还地方政府债券，推动地方政府债券改革进程。

2014 年，《关于加强地方政府债务管理的意见》明确要求剥离融资平台公司政府融资职能，而新《预算法》赋予地方政府举债的权利，以此为标志，我国地方政府债务开始走上了规范发展的道路。随着新《预算法》的颁布，

---

① 数据来源于全国地方性政府审计结果，2013 年第 32 号审计公告，https://www.audit.gov.cn/n5/n25/c63642/content.html。
② 王旭坤.中国地方政府举债权研究［M］.北京：法律出版社，2016.
③ 李雪、李孟刚.地方政府债及其信用评级研究［M］.北京：经济科学出版社，2017.

我国地方政府债券开始发行一般债券和专项债券，并于 2015 年分别就一般债券及专项债券颁布发行管理暂行办法。为了解决地方融资平台遗留下来的隐性债务，2015 年财政部印发《地方政府存量债务纳入预算管理清理甄别办法》，2016 年国务院办公厅印发《关于印发地方政府债务风险应急处置预案的通知》，2017 年财政部颁布《关于坚决制止地方以政府购买服务名义违法违规融资的通知》；2015 年，财政部、央行和银监会发布通知开启了地方债务置换计划。① 地方政府债务逐渐迈上了有序扩张的路径。

纵观整个发展历程，我国地方政府债务发展经历了从"零星发债"到"禁止发债"再到"曲线举债"最后到"有序发债"四个阶段，债务规模逐渐扩大，发债程序逐步推进，举债制度逐渐规范，整体逐步迈向完善化、法制化。但是，由于我国地方政府债务发展时间短、速度快，发展过程仍面临债券利率不合理、债务市场化程度不高、信用评级发展不足等问题。

第二节　中国地方政府债务的发展现状

一、地方政府债务总量分析

（一）全国地方政府债务余额

2014 年地方政府获得合法举债权之前，地方政府债务相关数据仅能从审计署的审计公告获取，而国家审计对地方政府债务情况进行过三次摸底；2014 年以后，随着地方政府债务纳入预算管理，国家开始逐步公开地方政府债务余额相关情况。

根据审计署的三次摸底数据，我国地方政府债务余额在 2010 年底、2012 年底和 2013 年 6 月分别为 10.72 万亿元、15.89 万亿元和 17.89 万亿元。同时，根据全国人大常委会预算工作委员会的调研报告，截至 2014 年底，地方政府债务余额为 24 万亿元②，其中负有偿还责任的债务余额达到 15.4 万亿元，

---

① 付传明. 中国地方公债发展研究［M］. 武汉：武汉大学出版社，2016.
② 全国人大常委会预算工作委员会调研组. 关于规范地方政府债务管理工作情况的调研报告［J］. 中国人大，2016（5）：19 - 23.

或有债务余额为 8.6 万亿元，与 2013 年 6 月相比，增幅分别达到 41.41% 和 22.68%。经过学者推算，2010～2012 年以及 2012～2014 年地方政府债务的年均增长率分别为 21.75% 和 22.9%，最后推算出我国地方政府债务余额在 2011 年底和 2013 年分别为 13.05 万亿元和 19.53 万亿元。[①]

2015 年我国地方政府债务正式纳入预算管理，同年，中央出台地方政府债务限额管理办法以及一般债券管理办法和专项债券管理办法，地方政府债务余额数据开始透明化。根据财政部相关数据显示，2014～2019 年，我国地方政府债务余额分别为 15.41 万亿元、14.76 万亿元、15.36 万亿元、16.47 万亿元、18.39 万亿元和 21.31 万亿元。[②] 综上所述，可将我国 2010～2019 年地方政府政府债务余额全部统计出来，具体见表 2-4。

表 2-4　　　　　　　2010～2019 年我国地方政府债务余额变动情况

年份	债务余额（万亿元）	债务增速（%）
2010	10.72	—
2011	13.05	21.74
2012	15.89	21.76
2013	19.53	22.91
2014	15.41	−21.10
2015	14.76	−4.22
2016	15.36	4.07
2017	16.47	7.23
2018	18.39	11.66
2019	21.31	15.88

资料来源：中国债券信息网。

从地方政府债务增长率来看，2010～2013 年地方政府债务余额增速都在 20% 以上，债务规模的迅速增长引起中央的高度重视，除《关于加强地方政府债务管理的意见》规定对地方政府债务加强管理以外，之后几年陆续出台各类控制地方政府债务增长的文件，从而使得地方政府债务余额在 2014 年和

---

① 杨婷婷. 我国地方政府债务风险管理研究 [D]. 北京：国家行政学院，2019.

② 数据来源于 2014～2019 年财政部公布的各年一般债务余额情况表和专项债务余额表，通过二者相加得出当年地方政府债务余额。

2015 年出现负增长，随着地方政府逐步适应新规定，2016 年债务余额才出现正增长，并且在 2016～2019 年保持逐渐上升的增长态势（见表 2－4）。

（二）各省份地方政府债务规模

从各省份债务规模变动来看，2012 年地方政府债务余额最大的省份为广东省，2019 年债务规模最大的省份为江苏省，余额达到 14878.38 亿元，是宁夏回族自治区的 9 倍；从债务余额增速来看，与 2012 年相比，债务余额增速最快的是贵州省，增速达到 297.21%，债务规模最大的是江苏省，债务余额增速不到贵州省的一半；从人均债务余额来看，2012 年最高的是北京市，为28865.83 元，是河南省的 9 倍（见表 2－5）。总体来看，除北京市外，其他省份的债务余额和人均债务均在不同程度上升。

表 2－5　　　　　2012 年和 2019 年各省份地方政府债务余额和人均债务

省份	债务余额			人均债务		
	2012 年（亿元）	2019 年（亿元）	增长率（%）	2012 年（亿元）	2019 年（亿元）	增长率（%）
北京	5972.34	4964.06	－16.88	28865.83	23050.06	－20.15
天津	2051.11	4959.30	141.79	14516.00	31753.14	118.75
河北	3657.18	8753.76	139.36	5018.08	11530.29	129.77
山西	1327.41	3511.89	164.57	3676.02	9417.78	156.20
内蒙古	3070.26	7307.42	138.01	12330.36	28774.35	133.36
辽宁	5148.65	8885.09	72.57	11730.80	20417.51	74.05
吉林	2573.50	4344.83	68.83	9358.18	16147.40	72.55
黑龙江	1834.65	4748.60	158.83	4785.21	12658.55	164.53
上海	5184.99	5722.07	10.36	21785.67	23565.65	8.17
江苏	6523.38	14878.38	128.08	8236.59	18436.65	123.84
浙江	4323.22	12309.34	184.73	7893.41	21041.61	166.57
安徽	2559.86	7936.36	210.03	4274.98	12466.99	191.63
福建	1915.88	7033.90	267.14	5111.74	17704.25	246.34
江西	2227.28	5351.00	140.25	4945.12	11467.74	131.90
山东	3970.40	13127.51	230.63	4099.54	13035.98	217.99
河南	2993.45	7910.10	164.25	3182.49	8205.71	157.84
湖北	4262.50	8039.98	88.62	7375.84	13565.01	83.91
湖南	3157.31	10174.50	222.25	4755.70	14706.48	209.24

续表

省份	债务余额			人均债务		
	2012 年（亿元）	2019 年（亿元）	增长率（%）	2012 年（亿元）	2019 年（亿元）	增长率（%）
广东	6554.41	11948.95	82.30	6186.91	10371.45	67.64
广西	1946.40	6328.42	225.13	4157.20	12758.91	206.91
海南	916.93	2230.70	143.28	10337.43	23612.29	128.42
重庆	3294.41	5603.68	70.10	11186.45	17935.68	60.33
四川	5533.59	10576.82	91.14	6851.89	12629.04	84.31
贵州	2435.33	9673.38	297.21	6990.03	26700.29	281.98
云南	3502.41	8099.69	131.26	7517.51	16672.89	121.79
陕西	2403.76	6585.82	173.98	6404.90	16990.36	165.27
甘肃	942.90	3116.57	230.53	3657.49	11772.06	221.86
青海	697.73	2102.13	201.28	12176.79	34584.75	184.02
宁夏	448.20	1658.63	270.06	6927.36	23876.86	244.67
新疆	1435.78	4960.84	245.52	6429.83	19660.75	205.77

资料来源：中国债券信息网。

从负债率来看（债务余额/GDP），2012 年各省份负债率各异，但都在 60% 以下，2019 年仅青海省的负债率超过 60%。相较于 2012 年，2019 年除北京、上海、湖北、重庆、四川、广东的负债率处于下降趋势以外，其他各省份的负债率在不同程度地上升。同时，负债率在东、中、西部保持梯度上升的态势，东部地区负债率最小，西部地区负债率相对较高。

二、地方政府债务结构分析

自审计署对各省份地方政府债务进行摸底，发现地方政府债务规模巨大，形式多样，且多以隐性形式存在，给债务管理带来了困扰。为了促进地方政府债务透明化，2014 年新《预算法》赋予地方政府举债权，随后中央颁布系列政策法规、通知指南等文件规范债务管理。下面以 2013 年审计报告以及 2014 年以后地方政府债务的运行为基础，对地方政府债务结构进行分析。

从债务分布级次来看，截至 2019 年底，已发布债券信息披露文件的省份中，在省本级债务中，占比最高的是青海省，约为65.22%，比占比第二的天津市高出约1倍，是已公布省份平均水平（19.87%）的约3倍。而省本级债务占比最小的是福建省，约为2.03%，与青海省相比，福建省省本级债务占比仅为青海省的3%。可见，各省份之间地方政府债务级次分布差异较大，而且省本级债务占比的大小与地区经济发展水平关系不大。而在市县级政府中，福建省占比最大，为97.97%，在已披露信息的省份中，有13个省份的占比超过整体平均水平，说明地方政府债务主要集中在市县级政府（如图2-3所示）。

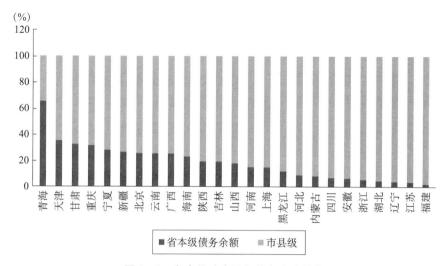

图2-3 各省份政府层级债务占比结构

注：信息披露文件中，贵州、湖南、江西、广东、山东未公布其政府层级债务数据，故这5省份未纳入分析。

资料来源：2020年各省份地方政府一般债券和专项债券信息披露文件。

从债务主要投向来看，全国范围内，债务支出投向的主要是民生保障和基础设施领域，根据2013年审计公告，在已支出的政府负有偿还责任的债务101188.77亿元中，用于市政建设、土地收储、交通运输、保障性住房、教科文卫、农林水利、生态建设等基础性、公益性项目的支出为87806.13亿元，占87%（如图2-4所示）。从各省份债务支出投向来看，截至2019年底，已

① 为各省份省本级占本省地方政府债务余额比重的平均值，由于贵州、湖南、江西、广东、山东未公布相关数据，故计算平均值时不包括以上5省份。

披露债务资金的省份支出投向与全国整体水平保持一致，各省份60%以上的地方政府债务主要投向仍然是民生保障和基础设施建设等基础性、公益性项目。

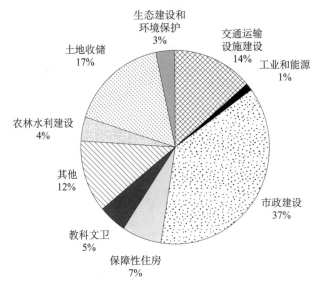

图2-4 2013年6月全国地方政府债务资金投向分布情况

资料来源：审计署2013年第32号公告。

从地域结构来看，根据2013年的审计公告、2014年各省份的政府债务审计结果以及2015~2019年地方政府一般债务和专项债务分地区余额表，可以计算出地方政府债务在东部、中部和西部的分布变化情况。[①]东部地区债务占比从2013年的44.34%下降到2019年的39.99%，比重在缓慢下降，但在三个区域中仍占比最高，中、西部地区占比在逐年上升（如图2-5所示）。以上占比说明了地方政府举债规模与其经济发展水平呈正比。东部地区经济基础发展较好，其举债规模更大，中、西部地区经济基础相对薄弱，偿债能力更弱，举债规模相对更少。

从资金来源渠道来看，从2013年审计署审计公告可知，全国债务资金

---

① 根据地理空间分布并结合国家统计局地区划分方法，本书将上海、北京、河北、广东、山东、辽宁、天津、浙江、江苏、福建、海南划入东部地区，江西、安徽、湖南、陕西、湖北、河南、山西、黑龙江、吉林划入中部地区，贵州、云南、重庆、内蒙古、四川、宁夏、新疆、广西、青海、甘肃划入西部地区。

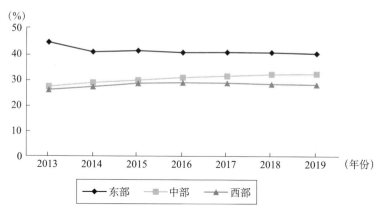

图 2 – 5　2013 ~ 2019 年东、中、西部债务占比情况

资料来源：Wind 数据库。

50.76% 来源于银行贷款，11.16% 是 BT，地方政府债券仅占 5.65%（如图 2 – 6 所示）。财政部公开数据显示，2017 ~ 2019 年以政府债券形式存在的债务占地方政府债务余额的比重从 89.52% 增加到 98.29% 再到 99.10%，可见随着地方政府举债权合法化，我国地方政府融资方式发生了较大变化，2019 年政府债券占比较 2013 年增加了 17.54 倍，成为地方政府最主要的融资方式。从已披露债券资金来源的省份来看，截至 2019 年底，政府债券成为各省份融资的主要方式（见表 2 – 6）。

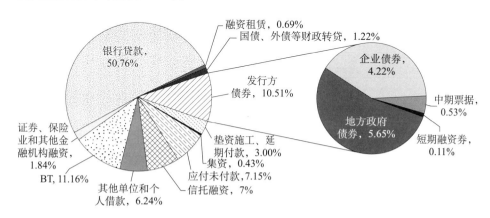

图 2 – 6　2013 年地方政府债务资金来源构成

资料来源：审计署 2013 年第 24 号公告。

表 2 - 6　　　　　2019 年底部分省份政府债券占地方政府债务的比重　　　单位:%

地区	河北	宁夏	上海	内蒙古	浙江	湖北	辽宁	江苏	湖南
政府债券	98.59	99	99.6	98.5	99.9	99.74	98.4	99.3	78.37

资料来源:2019 年各省份一般债务和专项债务信息披露文件。

从资金构成来看,根据《关于加强地方政府债务管理的意见》的规定,一般债券与专项债券的使用方向需根据公益性项目的收益来确定,没有收益的项目发行一般债券,有一定收益的需发行专项债券。从全国来看,2014 ~ 2019 年一般债务规模大于专项债务规模,但二者的差距在逐步缩小(如图 2 - 7 所示)。从各省份来看,从可获取的 2016 ~ 2019 年数据可知,大部分省份二者的关系与全国趋势保持一致,但是北京、天津专项债务的规模一直大于一般债务规模,上海、江苏、安徽、广东和重庆专项债务的规模在 2019 年超越一般债务规模(见表 2 - 7)。

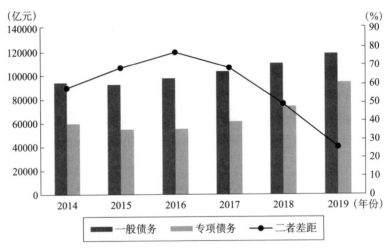

图 2 - 7　2014 ~ 2019 年全国地方政府一般债务和专项债务规模

资料来源:Wind 数据库。

表 2 - 7　　　　　2016 ~ 2019 年各省份一般债务和专项债务规模　　　单位:亿元

省份	2016 年		2017 年		2018 年		2019 年	
	一般债务	专项债务	一般债务	专项债务	一般债务	专项债务	一般债务	专项债务
北京	1727.57	2015.89	1860.41	2016.47	2034.03	2214.86	2116.94	2847.12
天津	1117.75	1794.99	1333.33	2090.65	1399.58	2678.78	1504.04	3455.26
河北	4187.03	1504.27	4153.79	1997.18	4564.17	2714.09	5006.03	3747.73

续表

省份	2016 年		2017 年		2018 年		2019 年	
	一般债务	专项债务	一般债务	专项债务	一般债务	专项债务	一般债务	专项债务
山西	1730.43	560.50	1811.52	767.04	1974.52	989.15	2157.83	1354.06
内蒙古	4706.35	971.01	5219.55	997.82	5421.12	1134.19	5778.88	1528.54
辽宁	6146.72	2379.52	6111.70	2343.54	6270.28	2325.96	6430.79	2454.30
吉林	2085.40	810.68	2353.13	840.14	2647.15	1064.47	2902.43	1442.40
黑龙江	2422.97	697.33	2713.52	741.05	3187.61	928.91	3573.79	1174.81
上海	2410.28	2075.20	2523.48	2170.70	2642.87	2392.01	2787.67	2934.40
江苏	6413.98	4501.37	6668.48	5357.80	6652.60	6632.95	6620.52	8257.86
浙江	4813.63	3576.27	5159.55	4079.54	5808.74	4985.69	6200.39	6108.95
安徽	3320.15	1999.07	3415.27	2408.09	3521.73	3182.92	3635.90	4300.46
福建	2327.66	2638.59	2779.86	2682.90	2883.11	3173.56	3050.44	3983.46
江西	2781.90	1174.88	2827.39	1441.69	2958.75	1820.66	3037.84	2313.16
山东	6040.89	3403.49	6189.75	4007.32	6372.25	5064.32	6736.41	6391.10
河南	3910.06	1614.88	3648.68	1899.79	4062.23	2479.07	4471.35	3438.75
湖北	3300.85	1802.82	3402.56	2312.97	3742.27	2933.42	4134.8	3905.18
湖南	4460.47	2367.33	5092.13	2575.36	5582.42	3125.77	6197.73	3976.77
广东	5369.73	3161.05	5297.35	3726.02	5313.05	4694.76	5492.94	6456.01
海南	1098.03	461.97	1162.38	556.88	1249.30	692.41	1359.23	871.47
重庆	2200.90	1536.20	2235.80	1782.70	2356.01	2334.40	2524.28	3079.40
四川	4650.16	3162.29	5173.35	3323.57	5465.61	3833.12	5887.89	4688.93
贵州	5206.35	3503.44	5113.68	3493.48	5326.48	3507.66	5945.73	3727.65
云南	4377.68	1975.54	4760.92	1963.60	4912.78	2227.02	5316.39	2783.30
西藏	54.86	3.00	77.46	21.18	100.88	33.91	216.15	37.91
陕西	2806.40	2111.15	3155.17	2240.26	3428.25	2458.66	3695.35	2890.47
甘肃	1258.03	521.07	1397.30	671.30	1624.68	867.45	1880.63	1236.15
青海	1171.98	167.11	1253.21	259.36	1462.84	300.36	1682.98	419.15
宁夏	916.73	254.64	984.67	241.59	1069.95	319.23	1186.01	472.62
广西	2673.19	1893.40	3049.76	1787.04	3401.75	2091.70	3749.62	2578.80
新疆	2179.65	657.28	2706.64	671.2	3047.50	932.70	3390.02	1570.82

资料来源：财政部 2016~2019 年地方政府一般债务分地区余额表和地方政府专项债务分地区余额表。

从债务风险来看，国际上关于地方政府债务风险的判断主要来源于《马斯特里赫特条约》，其规定地方政府的负债率，即存量债务与 GDP 的比值不得超过 60%；新增债务率，即每年新增地方政府债务不得超过当年 GDP 的 3%。2019 年，我国地方政府总体负债率为 21.64%（212843.72 亿元 ÷98365.29 亿元[①]×100%），低于国际上的警戒线。同年，地方政府新增债务率为 2.97%（29210 亿元 ÷98365.29 亿元[②]×100%），接近临界值 3%。从整体来看，中央通过限额、风险预警等政策的约束，地方政府债务风险得到有效管控。进一步地，从地方政府债务分布来看（如图 2 - 8 所示），东、中部地区负债率较低，西部地区整体负债率偏高，且贵州省的负债率逼近警戒线，青海省的负债率超过警戒线。新增债务率超过警戒线的省份比较多（如图 2 - 9 所示），东部地区有天津、河北、海南，中部地区有安徽、吉林、黑龙江、山西、湖南，西部地区除四川以外其他省份均超过了警戒线。由此可见，我国地方政府债务风险主要集中于西部地区。

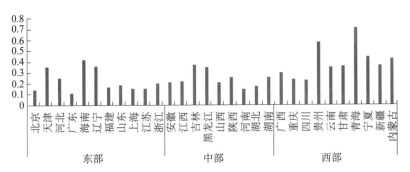

图 2 - 8　2019 年我国各省份地方政府债务余额占 GDP 比重

资料来源：Wind 数据库，《中国统计年鉴（2020）》。

三、中国地方政府债务的特征

1. 政府债务余额偏大与债务化解难度加剧之间的矛盾

随着国家整体改革的不断深化，政府需承担更多的社会责任，在减税降费

---

① 数据统计的是除西藏和香港、澳门、台湾地区以外的其他 30 个省份。
② 2019 年地方政府新增债务数据依据财政部公布的 2019 年债务数据相对于 2018 年的数据计算而来。

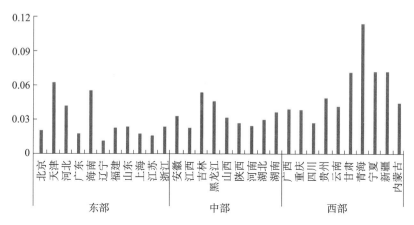

图 2-9 2019 年我国各省份新增地方政府债务占 GDP 比重

资料来源：Wind 数据库，《中国统计年鉴（2020）》。

政策实施及经济下行压力下，地方政府财政收支不平衡矛盾越来越凸显，地方政府不得不依赖举债维持经济运转，从而导致地方政府债务规模不断扩大。根据地方政府债务公开数据（如图 2-10 所示），2012~2018 年地方政府债务余额明显呈现不断加速的走势；从地方政府负债率（债务余额/GDP）来看，虽然我国地方政府负债率控制在政府债务风险控制标准参考值以内，但其变化趋势在连续三年下降之后出现上升的趋势。受经济下行压力的影响，明显可以看出我国地方政府债务偿还能力有所变差，而财政对外面临保稳定、促发展的压力，对内要维持收支平衡，政府债券作为重要的政策工具，特别是专项债券预计发行规模维持较高增速，债务余额将越滚越大。若不能有效控制政府债务规模，如遇国家金融调控政策变化，银行贷款资金链条中断或不能按时偿还银行贷款和支付工程款等情况，可能转化为政府"托底"债务风险。

2. 专项债投向范围亟待拓宽与项目申报仓促之间的矛盾

从专项债资金投向情况来看，与 2019 年相比，债券资金投资方向发生了明显的变化，2020 年中央明确规定地方政府专项债券需减少用于与房地产相关的领域，从专项债券的资金去向来看，2020 年 3 月开始，已难见专项债券资金活跃于土地储备领域。而 2019 年同期，该项投资占专项债券资金的比重达到 22%，此外，专项债券中棚户区改造和保障性住房的资金占比也由 2019

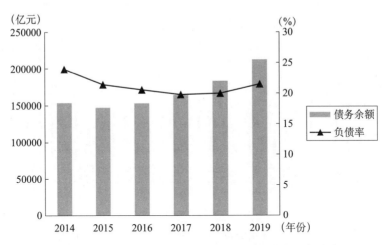

图 2 – 10 2014—2019 年我国地方政府债务余额及负债率

资料来源：《中国统计年鉴（2019）》。

年 3 月的 34% 下降到 2020 年 3 月的 6.38%（如图 2 – 11 所示）。这表明，由于存在时滞性，2020 年一季度地方政府专项债券依然以支持传统基础设施为主。若"十四五"期间该趋势保持不变，受政策影响，各地申报符合专项债券发行条件的项目将大幅度减少。加上新冠肺炎疫情未来走向的不确定性，部分项目不具备开工条件，无法申报专项债券项目。而许多急需政府扶持的项目，尤其是具有开创性、基础性的产业项目，由于政府专项债务发行负面清单的限制，财政资金远远不足，项目无法立即启动，给经济带来较大的负面影响。此外，部分冷链物流企业属于混合所有制企业，虽然属于国家重点支持的领域，但受限于企业所有制身份，无法发行政府债券融资，制约了行业发展。

同时，根据财政部相关文件，各地在专项债务限额内，根据项目实施进度，分月提出债券资金转贷需求。在此基础上，省财政厅拟订全省专项债券月度发行计划。值得注意的是，全省专项债券项目申报频率仍为一年两次。在专项债券申报与发行节奏不一致的背景下，部分项目单位申报项目时间仓促、前期准备时间不足，导致项目质量得不到保障、影响后续债券发行，而省财政厅专家难以在短时间内集中审核所有专项债券项目，从而造成部分项目因排队审核或反复修改等问题，错过合适的发行机会。

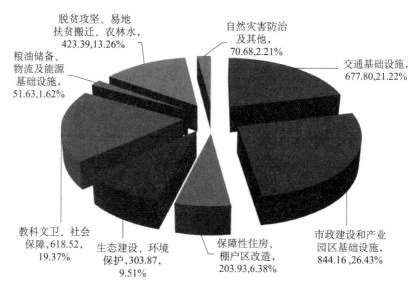

图 2 – 11 2020 年 3 月全国新增债券资金投向情况

资料来源：财政部政府债务研究和评估中心。

3. 平台市场化转型缓慢与隐性债务逾期风险加大之间的矛盾

整体来看，全国地方融资平台市场化转型缓慢。平台公司长期以来投资结构单一，习惯于充当政府融资和工程发包的代理人，满足于收取代建费、管理费等垄断性收入，承担的公益性项目缺乏来自外部的竞争压力，转型为市场化运作国有企业的进展缓慢。同时，部分行业运作效率低，资源配置重复浪费，例如，许多平台公司和相关部门都兴办有房地产开发企业，且数目众多，但对企业化债贡献率低，迫切需要通过市场化转型焕发生机与活力。

而政府隐性债务主要集中在平台公司，隐性债务的化解取决于地方政府的实力和平台公司的市场化转型程度。目前，平台公司化解隐性债务的资金渠道主要是土地出让收入，受新冠肺炎疫情影响土地变现困难，通过企业其他资产处置变现、资产重组经营等方式化解债务的措施推进缓慢。在债务刚性兑付压力下，隐性债务偿还计划的硬性要求与平台低效运营、盈利困难的矛盾加剧，债务逾期风险加大。

4. 政府债务还本付息高峰期临近与债务兑付压力大之间的矛盾

"十四五"将是各地债务化解的攻坚期，据不完全统计，我国地方政府债务还本付息的高峰将集中在近 3～5 年。受经济下行压力和新冠肺炎疫情的冲击，全国将进一步增加债务发行规模，在原有还本付息的基础上，新增债务规模将导致还本付息越滚越大。目前，到期政府债务还本完全依赖申请再融资债券解决，在财政收入增长乏力、土地收入来源有限的情况下，极有可能出现债务还本付息逾期的问题。同时，隐性债务所对应的多为无收益的公益性项目，资产不够优良、价值较低，在一定时期内转化为偿债资金能力有限，而财政减收明显，可偿债财力不足，新增财力即使全部用来偿还到期债务，也可能无法覆盖应偿还本息，存在资金链断裂的危机、隐性债务无法如期化解的问题。因此，政府债务和政府隐形债务还本付息作为刚性支出，将加大财政持续稳定运行的风险隐患。

第三节　中国地方政府举债的必要性

一、满足政府多重职能的需要

随着我国经济体制由计划向市场转变，市场和政府在社会资源配置中的地位也开始转变，政府将经历从计划全能型向公共服务型转变。在此期间，为摆脱贫困陷阱的束缚，政府需要承担经济建设职能，实施倾向性的产业政策，在财政支出上向资本形成领域倾斜，以此来推动经济发展，同时，市场经济体制的构建要求政府减少对经济的控制，但政府仍需承担社会服务职能。因此，地方政府兼具"建设型"和"服务型"的双重职能。然而，在此背景下，财政支出不可避免地面临双重矛盾：一是为推动我国社会主义市场经济体制的建立和完善，加快我国工业化和城镇化建设，政府需将大量财政收入用于资本性支出，促进资本积累，发挥"建设型"职能；二是经济体制的转变，政府需实施自我革命，减少对经济的干预，在财政上表现为收入的下降，导致在有限的财政收入情况下，资本性支出的增加挤占公共性支出，政府的"服务型"职能缺位。从经济发展的长远角度来看，随着市场经济体制的完善，资本性支出在财政支出中的占比将逐步减少，公共服务性支出将逐步提升。从经济运行实际状况来看，随着改革的深化，经济问题日益复杂，为推动经济平稳发展，政府的"建设型"职能并未消退，同时，社会暴露的问题越来越多，政府的"服务型"职能不断增加，财政支出规模相应扩大，仅靠税收难以满足财政支出需要，举债成为政府解决财政困难的必然选择。

二、投资和收益时间匹配的需要

在经济建设初期，资本性支出中基础设施投资占据较大比重，一般而言，基础设施建设具有集中投入、长期受益的特点，即在现代化生产工艺背景下，相比于基础设施的受益期，其建设期相对较短。同时，基础设施建设费用较大，在实施赤字财政政策的背景下，地方政府难以单纯依靠当年的财政资金进行投资。然而，在有限的建设期内，如果地方政府财政资金不能够及时到位，将严重影响市政基础设施建设。按照"成本—收益"理论，为了保证基础设施建设成本在整个受益期内能够平摊，需要依靠债务手段，将现在的成本分摊到未来，实现基础设施投资与收益在时间上的匹配。

三、促进经济增长的需要

内需不足，尤其是居民消费需求不足，一直是我国经济内生增长的短板。自1998年爆发亚洲金融危机开始，扩大内需成为我国推动经济增长的重要政策，中央政府试图通过政府投资保持经济增长的活跃度，使投资转化为居民收入以刺激消费，用消费带动民间投资，从而达到经济内生增长的目的。即通过"政府投资拉动—消费增长—民间投资增长—经济自主增长"的传导机制实现经济增长。然而，现实却是，由于我国尚未建立完善的社会保障制度，导致居民用于住房、医疗、教育等公共服务领域的支出占家庭总支出的比重较大，居民更愿意将收入用于未来支出，导致当期消费不足；同时，由于我国收入分配制度改革进程较慢，政府投资转化的收入被更多地分配给企业而非居民，导致普通劳动者的工资性收入增长相对缓慢，从经济增长中受益较少。因此，中央政府试图通过政府投资促进经济自主增长的意图在消费环节被阻隔。值得注意的是，内需不足进一步推动了投资驱动增长的发展模式，为了保持经济增长的速度，各级政府不得不依赖于投资和出口，在当前复杂的国际经济环境下，出口压力加大，投资成为政府的必然选择，而举债成为政府投资资金的主要来源。

第三章

中国地方政府债务发行机制分析

本章在探讨我国地方政府债务发行困局的基础上，以地方政府债务发行方式的变革作为突破口进行实证研究，以期刻画地方政府债务发行成本的变化过程，分析我国地方政府债务发行方式的改变对债务发行成本的影响。

第一节　地方政府债务发行困局

随着地方政府债务发行制度逐步规范，债务发行的透明度得到增强，但目前地方政府债务发行规则与地区经济发展水平挂钩的现实，暴露了债务发行过程中债务限额管理不够灵活、专项债发行机制不够健全、债券置换前景不明朗等亟待解决的问题。

一、债务限额管理不够灵活

实施债务限额管理是控制地方政府债务规模、规范地方政府债务发行的重要举措。自《关于加强地方政府债务管理的意见》中提出对地方政府债务规模实行限额管理以来，财政部于2015年和2017年相继出台了债务限额管理的相关文件。实施办法中提出"年度地方政府债务限额等于上年地方政府债务限额加上当年新增债务限额"，新增债务限额分配原则依据地区财政实力、举债空间、债务风险以及债务管理绩效等因素进行安排，即要求新增债务限额与地方财政实力正相关。

然而，在具体实践过程中，上述规定缺乏一定的灵活性。一是地方政府初始的债务限额依据以前年度债务规模确定，这样容易造成"前期债务规模越大，可获得的债务限额越多，前期债务规模越小，可获得的债务限额越少"的马太效应，不利于地区之间的均衡发展。加上新冠肺炎疫情的冲击，2020年地方政府财政收入将直接影响新增债务限额。若无其他政策支持，将收窄地方政府债务资金的获取渠道，无法落实中央适当提高赤字率、增加专项债券发行规模的要求。二是地方政府新增限额方面，中央仅提出依据"高、低、强、弱"等定性指标分配新增额度，没有具体给出可量化指标，导致地方政府分配新增限额时标准不明确。地方政府为了均衡推动地区经济发展，在实施限额分配时会综合考虑各地的债务规模情况。然而，在债务额度具体使用过程中，经常会出现某些经济发展较好的市县债务限额不够用，而有些经济发展较弱的地区债务额度用不完的状况，导致部分县市有举债空间无项目可报，部分县市有项目无举债空间。

二、专项债发行机制不够健全

为促进重点领域和薄弱环节的发展，中央大量出台各类专项债务管理办法，扩大了专项债券规模，遏制了隐性债务增量，避免了"无序举债搞建设"状况重现。然而，中央规定"地方发行专项债券融资的对象是有一定收益且收益全部属于政府性基金收入的重大项目"[①]，并提出政府专项债券不得用于土地储备、棚户区改造等房地产相关领域，另出台政府债券发行负面清单。受政策影响，地方政府申报符合专项债券发行条件的项目大幅度减少，而部分冷链物流企业属于混合所有制企业，虽然属于国家重点支持的领域，但受限于企业所有制性质，无法使用政府债券融资，制约了行业发展。同时，根据地方政府财政部门的相关规定，各地在专项债务限额内，根据项目实施进度，分月提出债券资金转贷需求，在此基础上，省财政厅拟订全省专项债券月度发行计划，但省级专项债券项目申报频率仍为一年两次，导致专项债券申报与发行节奏不一致。此外，专项债申报平台灵活度不够，在债务申报过程中一旦出现细微差错，就需逐级撤回并重新申报，造成项目退回程序较多，耗费时限较长，

---

① 详见中共中央办公厅、国务院办公厅印发的《关于做好地方政府专项债券发行及项目配套融资工作的通知》（厅字〔2019〕33号）。

在有限的申报期内，导致项目错失申报机会，影响地区经济发展。

实践中，往往存在地区很多产业项目急需政府扶持，而财政专项资金远远不足，受限于政府债券发行负面清单，很多项目缺乏资金支持而跑到其他地方，特别是具有开创性、基础性的产业项目不能上马，而部分项目因排队审核或反复修改等问题，错过当月发行机会，给地区经济带来负面影响较为深远。

三、债券置换前景不明朗

发行地方政府债券置换地方政府存量隐性债务，保障了在建项目融资和资金链不断裂，降低了地方政府债务利息负担，因此，债券置换是优化地方政府债务结构、缓解偿债压力、规范债务预算管理的有力举措。当前，我国地方政府债券置换的主要途径是金融机构承销。然而，不同于以往有地方政府及其所属部门提供担保、商业银行能够迅速为融资平台公司提供贷款资金，此次债务置换是在中央政府明确规定要取消融资平台公司政府融资职能背景下提出的，由于融资平台公司的隐性债务前景不明朗，加上银监会明确提出"严禁商业银行将资金投向地方政府融资平台"[1]，商业银行缺乏置换债券的主观动机，地方政府也不具有权利去逼迫债权人置换债券，故加大了地方政府债券置换的难度（田新民等，2016），置换进程缓慢。同时，平台企业投资结构单一，没有实际业务支撑，承担的公益性项目缺少来自外部的竞争压力，加上资产负债过高、资产质量低下以及偿债机制不全等问题，在当前强监管形势下，融资平台面临严峻的融资环境和业务转型压力，进一步加剧了债券置换难度。

现实是，即使中央明确规定金融机构向地方政府提供融资、要求或接受地方政府提供担保承诺均属于违法违规行为[2]，但在具体操作过程中，商业银行仍然要求地方政府明确置换债券对应的抵押资产性质并提供资产抵押的证明。当地方政府原有的担保函或安慰函被撤销后，金融机构可能会出现惜贷、抽贷等现象，单一主体出现危机，其他主体会受到牵连，导致债务风险扩散。

---

① 详见中国银监会《关于规范银信类业务的通知》（银监发〔2017〕55 号）。

② 详见财政部《关于规范金融企业对地方政府和国有企业投融资行为有关问题的通知》（财金〔2018〕23 号）。

第二节 模型设定

一、地方政府债务自发试点过程

1994 年，《预算法》规定地方政府不得发行债券，但随着 2008 年金融危机的爆发，为应对经济下行压力，国家启动四万亿投资刺激计划，并经国务院特别批准，由财政部代地方政府发行债券。配合国务院的政策，2009 年财政部就地方政府债券发行、兑付以及债券预算管理制定了系列规范性文件①，并在《2009 年地方政府债券预算管理办法》中提出地方政府经国务院批准同意，可由财政部代理发行并代办还本付息和支付发行费。由此通过中央文件重新开启允许地方政府举债的规定，但由于地方政府债券发行制度的不完善，地方政府债券均由财政部代为发行，此时，地方政府对债券并没有实现真正的自主权。

2011 年 10 月，经国务院批准，财政部印发了《2011 年地方政府自行发债试点办法》，允许上海市、浙江省、广东省和深圳市成为地方政府自行发债试点地区。此次试点省市地方政府可以自行组建承销团、自行确定定价机制并管理招标现场。与 2009 年由财政部代发相比，地方政府对债券的自主权增加。2013 年，经国务院批准，江苏省和山东省也加入了自行发债试点地区②，此 6 省市地方政府可以自行组织本地区债券发行，但债券的还本付息仍由财政部代办。

《2014 年地方政府债券自发自还试点办法》新增北京、江西、宁夏、青岛为地方政府债券自发自还的试点地区。与前两次不同的是，2014 年的新增试点地区连同之前 6 个试点的省市，地方政府债券的发行和偿还均不再由财政代理。而相关文件也规定，在国务院批准的发债规模限额内，地方政府第一次以信用的形式开展了由其自主发行和偿还的债券，从而开启了地方政府在限额内

---

① 详见《关于做好发行 2009 年地方政府债券有关工作的通知》（财办库〔2009〕36 号）、《财政部代理发行 2009 年地方政府债券发行兑付办法》（财库〔2009〕15 号）以及《2009 年地方政府债券预算管理办法》（财预〔2009〕21 号）。

② 详见《2013 年地方政府自行发债试点办法》（财库〔2013〕77 号）。

对债券的完全自主权。2014年《关于加强地方政府债券管理的意见》赋予地方政府适度举债的权限，2015年新《预算法》的颁布从法律层面将地方政府举债权合法化。

从我国地方政府债券发行来看，地方政府债券经历了从"代发代还"试点到"自发代还"试点再到"自发自还"试点并全面推广"自发自还"模式的转变。

二、理论分析与研究假设

传统的债券定价理论认为，市场利率、企业的信用和风险水平、债券的期限都是影响债券价格的重要因素。债券的发行利率定价方式大致有两种：一种是直接定价，即由债券承销商依据发行人财务和经营状况及资本市场的流动性需求来确定票面利率；另一种是由固定的承销商通过在市场上多次询价并对潜在投资者进行调查及信息反馈来确定债券发行利率。我国地方政府债券以债券的面值发行，因此，确定债券的发行利率至关重要。

对地方政府债券来说，在市场经济中，债券的发行利率应反映地方政府的信用风险和债券的流动性大小（巴曙松等，2019）。其中，基于发行主体信用风险的大小，债券的收益率应有所差别，发行主体信用风险越高，则债券的收益率也应该越高，高出的部分称为信用风险溢价（刘穷志等，2017）。王等（Wang，2008）研究表明，相对于中央政府，地方政府违约风险更高，因而其发行的债券利率也会高于同期限国债利率。一般来说，政府偿债能力越弱，政府信用风险越高，债券违约风险越高，则投资者要求的信用风险溢价越高，意味着需提高债券发行利率才能吸引投资者。我国地方政府债务在发行试点改革之前，债券发行由财政部代理，还本付息由中央兜底，在投资者看来，此时地方政府债券相当于"准国债"，地方政府的违约风险与中央政府几乎不存在差别，投资者也愿意认购地方政府债券，因此，此时地方政府债券利率与国债利率相差无几。然而，随着地方政府债券自发试点改革，地方政府债券的发行和偿还均由地方政府自主管理，此时债券才真实反映地方政府的信用，与中央政府相比，地方政府信用风险更高，且地方政府不具备中央政府能通过增加货币流通量还债的特权（Musgrave，1998；Ulbrich，2013）。因此，基于信用风险补偿，地方政府自行发债的利率应该更高。

理论上，债券流动性越强，利率越低。我国国债起步相对较早，经过多年的发展，国债市场法规制度和监管体系较为完善，发行制度和发行体系更完备，期限结构更为完整，投资主体更多元化。因此，相比于刚刚起步的地方政府债券，财政部代发的地方政府债券采用的是国债发行系统，其利率应该低于地方政府自行举债的利率。同时，本章选取成交量与存量之比作为流动性指标，计算金融债、国债和地方债的流动性，发现从实际情况来看，地方政府债券的流动性也弱于国债（如图 3-1 所示）。因此，作为流动性风险的补偿，地方政府债券的均衡利率应该高于同期和同期限结构的国债。

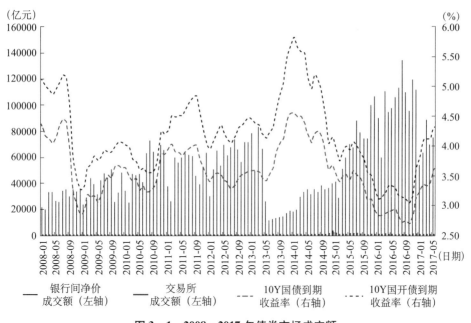

图 3-1 2008～2017 年债券市场成交额

资料来源：Wind 数据库。

自行发债改革试点之前，地方政府由于没有发行地方政府债券的权力，债券规模受限于中央代发地方债券的规模，地方政府无法自主使用债务融资工具满足地区经济建设需求。地方政府债券自发试点给予地方政府合法举债的权力，使得地方政府债券发行规模增加。对地方官员而言，与征税相比，举债融资不仅可以解决地区建设资金不足，通过基础设施建设满足政绩考核的需要，又因为债券偿还由下一代人负担而不会给当代人带来过多的经济痛苦（罗党论，2015）。因此，地方政府倾向于通过举债维持其支出水平，而地方政府债券自发试点为地方政府自主增加财政收入提供了可靠的渠道。

为了更好地激励地方官员提升地区经济发展实力，中央政府进行考核评估时往往会参考邻近区域或前任官员的政绩，迫使各级地方政府参与地区竞争。这种考核机制在一定程度上有助于提供地区公共产品和服务的供给效率和供给水平，但同时也会导致地方政府官员迫于压力热衷于发展经济。在经济下行压力持续加大的背景下，通过盲目扩张、过度基础设施投资，达到本地经济增长预期目标，造成地区之间的恶性竞争、重复建设等现象。值得注意的是，在目前地方政府运行十分艰难的情形下，通过发债融资在短期内不会给政府带来太大的还债压力（罗党论，2015），地方政府倾向于通过发债融资满足投资需求，导致地方政府债务规模的不断扩张，而地方政府政权自发试点更是进一步诱发地方政府扩大债务规模。

基于此，本章提出如下假设。

假设1：相比于财政部代发方式，地方政府债券自发试点改革提高了地方政府债券发行利率。

假设2：地方政府债券发行方式的改变扩大了地方政府债券发行规模。

三、模型设定

阿申费尔特（Ashenfelter，1978）首次采用双重差分方法研究经济问题，由于政策的冲击以及政策使用对象的不同，导致受到政策影响的对象（处理组）和未受到政策影响的对象（控制组）会在政策执行过程中形成不同的发展路径，通过比较处理组和控制组在政策实施前后的差异，来评估该项政策执行的效果。由于该方法能解决经济领域普遍存在的内生性问题，越来越多的学者开始采用该方法探究变量之间的因果关系。周黎安等（2005）采用该方法研究农业税费改革，开始了国内使用该方法进行政策评估的先河。随后，双重差分法在国内得到广泛运用。

地方政府债券发行试点和推广经历了三个阶段：第一阶段是2011年10月20日，财政部允许上海、浙江、广东、深圳首次试点发行地方政府债券以及随后的 2013 年新增江苏、山东加入试点；第二阶段是 2014 年财政部将自发试点省份扩容至北京、江西、宁夏、青岛，使得试点省份增加至 10 个；第三阶段是 2015 年将地方政府债券自发自还在全国推广。这三个不同的阶段作为一项"准自然实验"，为本章使用渐进性双重差分模型检验地方政府债券发行试点对债券发行利率和发行规模的影响提供了很好的条件。首先，地方政府债券自发试点开启和扩容发生的时间具有外生性。其次，地方政府债券试点省份的有序扩容为本章提供了天然的实验组和控制组。[①] 本章选取进入试点的省份作为处理组，其他未进行试点的省份作为控制组，考察地方政府债券发行制度改革对发行利率及发行规模的影响。具体模型设定如式（3-1）所示：

$$y_{it} = \beta \cdot treat_{it} + \varphi \cdot \sum x_{it} + trend_t + \lambda_i + \varepsilon_i \qquad (3-1)$$

其中，i 代表省份（$i = 1，2，\cdots，30$），t 代表年份 $t = 2011，2012，\cdots，2016$），$\lambda_i$ 是各省份固定效应，$trend_t$ 是时间趋势项，$\sum x_{it}$ 代表所有随时间和省份变动的控制变量，ε_i 为残差项。

被解释变量是 y_{it}，表示第 i 个省份在 t 时间地方政府债券的发行利差，即地方政府债券票面利率与国债利率之间的差额。[②] 鉴于我国地方政府债券自发试点期间，2011 年仅可发行 3 年期的，2013 年新增 5 年期和 7 年期的，2014 年新增 10 年期的，7 年期和 10 年期发行期限较短，因此本章的发行利差仅使用 3 年期（spread_3）和 5 年期（spreads_5）。同时，为了更全面探究地方政府债券发行制度改革对发行成本的影响，本章还将地方政府债券发行规模作为被解释变量进行回归，同样地，发行规模也采用 3 年期（scale_3）和 5 年期（scale_5）。

核心解释变量是 $treat_{it}$，表示第 i 个省份在 t 时间是否加入地方政府债券自发试点，如果 i 省在 t 年加入试点，则 $treat_{it} = 1$，否则 $treat_{it} = 0$，估计系数 β

---

① 中央政府在选择试点省份时，可能存在"靓女先嫁"现象。"靓女先嫁"会造成地方政府债券试点的政策冲击存在"政策内生性"，也即，如果经济实力相对雄厚的地区被中央优先选择进行地方政府债券发行试点，那么自然实验评估过程就无法将政策的效果与处理组自身的优质属性分离出来，从而影响政策实验的结果。从实践来看，上海、浙江、广东、深圳的经济发展水平和政策完善度在全国各城市中均位居前列，表明中央在选择首次试点城市时并不是随机的，但是随后的扩容城市，尤其是 2014 年选择"自发自还"试点城市时比较随机。

② 国债利率通过计算发行前 5 个工作日具有相同代偿期限的国债平均收益率而得。

是本章重点关注的处理效应。本章通过《2011 年地方政府自行发债试点办法》《2013 年地方政府自行发债试点办法》《2014 年地方政府债券自发自还试点办法》，整理了除西藏和港、澳、台以外的 30 个省份的地方政府债券发行试点的信息，其试点省份是按时间逐渐扩容的，如图 3 - 2 所示。由于西藏除 2015 年没有发行地方政府债券之外，其他年份地方政府债券发行规模较小，为了保证数据的一致性，本章在回归模型中将西藏的相关数据剔除。由于本章研究的是省级层面的结果，因此进一步剔除了财政部通知中允许自行发行地方政府债券的计划单列市①以及 2018 年新增的新疆生产建设兵团的相关数据。

图 3 - 2　各省份地方政府债券自发试点时间分布

控制变量：地区经济发展水平和发展潜力对地方政府债券发行利率和发行规模有较大的影响，如果这些因素没有被控制住，则会影响本章的实证结果。因此，本章控制变量在参考王敏和方铸（2018）关于影响我国地方政府债券发行成本的因素研究的基础上，从城市经济发展形势角度选取了人均 GDP、财政存款、财政自给率、通货膨胀率、固定资产占 GDP 的比例、第三产业占比、人口自然增长率。其中，通货膨胀率反映了整体宏观经济情况，人均 GDP、财政存款以及财政自给率反映了地区当年的偿债能力，固定资产占 GDP 的比例反映了地区经济发展对投资驱动的依赖度，第三产业占比反映了地区产业结构水平，人口自然增长率关系城市发展潜力。

第三节　实证结果分析

一、数据来源及描述性统计

本章选取我国 30 个省份 2011～2016 年省级面板数据，核心解释变量的数

---

① 具体包括宁波、大连、深圳、青岛和厦门。

据来源于 Wind 数据库，在剔除跨平台交易形成的重复数据的基础上，共计得到 1350 个债券样本，为了确保数据的准确性和完整性，本章还结合中国债券信息网的相关数据进行核对和补充。现实中，我国各省地方政府债券每年发行次数不定，为了简化研究过程，本章采用的是某年内某省地方政府债券发行利差的加权平均值作为当年该省债券发行利差，发行规模采用的是各省份债券发行的年总规模。各省人均 GDP、财政自给率、通货膨胀率、固定资产占 GDP 的比例、人口自然增长率、第三产业占比、财政自给率来源于 2012~2017 年《中国统计年鉴》以及中经网数据库并计算而得。基于西藏数据的异常性，将其剔除。各变量的描述性统计见表 3-1。

表 3-1　　　　　　　　　　　　主要变量描述性统计

变量	样本数	最小值	最大值	均值	标准差
spreads_3	180	-0.1324	0.5582	0.2213	0.1598
scale_3	180	0.0000	1039.3300	98.3137	148.3711
spreads_5	180	-0.1999	0.5766	0.2160	0.1570
scale_5	180	13.0000	1228.3000	157.8605	208.2796
人均 GDP	180	16413.0000	118198.0000	49105.5000	22361.4400
财政自给率	180	0.1564	0.9314	0.5218	0.1920
财政存款	180	64.6800	9263.8000	968.0337	1152.0710
固定资产占 GDP 的比例	180	0.2398	1.3715	0.7874	0.2347
人口自然增长率	180	-0.6000	11.4700	5.2294	2.6792
第三产业占比	180	29.7000	80.2322	43.6514	9.3474
通货膨胀率	180	-0.0405	0.0313	-0.0026	0.0146

二、基准模型回归

本章考察地方政府债券发行制度改革的政策效果，即改革对试点城市地方债发行利差和发行规模的影响，运用 Stata15.0 对地方政府债券改革试点与发行利差和发行规模进行回归，共得到 8 个回归结果（见表 3-2）。为使得结果更加稳健，表 3-2 中，1、3、5、7 列的回归结果仅加入了时间趋势和年份固定效应的影响，2、4、6、8 列增加了全部的控制变量。

从发行利差的结果来看，回归结果（1）～（4）中，spreads_3 和 spreads_5 的 treat 系数均显著为负，说明地方政府债券自发试点降低了地方政府债券发行利差，表明前面的假设 1 未通过，意味着在我国地方政府债券发行试点过程中，出现"发行利率倒挂"现象，即地方政府发行利率与国债利率的差距较小，甚至低于同期同结构国债利率（王永钦，2015）。对于上述现象，学者们从四个方面对其进行了解释：一是认为受历史因素的影响，地方政府对本地资源的垄断，为地方政府在竞争中提供了便利，天然地使得地方政府债务定价利率偏低；二是现有的评级机构不是真正独立的第三方机构，在对地方政府债券作出评级时，会受到地方政府行政压力的影响，因此在一级发行市场上，地方政府债券的评级均为 3A 级，债券利率无法真实反映地方政府的信用风险；三是地方政府债券二级市场不够完善，债券流动性较差，导致地方政府债券一经销售就难以通过公开市场业务对其规模进行调节；四是受中央"三年左右时间置换存量债务"政策的影响，大部分金融机构为了缓解资产减值的压力而被动地以低于市场的价格接受置换地方政府债务。

从发行规模来看，回归结果（5）～（8）中，scales_3 和 scales_5 的 treat 系数均显著为正，说明地方政府债券试点发行对地方政府债券 3 年期和 5 年期债券的规模具有显著为正的影响，但是 5 年期估计值的系数和显著性都要略大一些，说明地方政府债券试点发行扩大了 3 年期和 5 年期债券的规模，但对 5 年期债券的影响要略大一些。且四个回归结果比较稳健，验证了本章的假说 2。

表 3 - 2　　　基准回归：地方政府债券试点发行对债券发行利差及发行规模的影响

变量	(1) scale_5	(2) spreads_3	(3) spreads_3	(4) spreads_5	(5) spreads_5	(6) scale_3	(7) scale_3	(8) scale_5
treat	− 0.0449 *** (0.01)	− 0.0461 ** (0.01)	− 0.0212 *** (0.03)	− 0.0194 * (0.04)	− 2.836 ** (0.01)	4.303 *** (0.02)	− 3.04 ** (0.03)	− 4.09 ** (0.03)
控制变量		Yes		Yes		Yes		Yes
时间固定效应	Yes	Yes	Yes	Yes	Yes	Yes	Yes	Yes
省级固定效应	Yes	Yes	Yes	Yes	Yes	Yes	Yes	Yes
N	180	180	180	180	180	180	180	180
adj. R-sq	0.442	0.471	0.376	0.384	0.462	0.493	0.717	0.765

注：括号中的数值为省级层面聚标准误差，*** 、** 、* 分别表示 1%、5% 和 10% 的显著性水平。

三、关于实证结果合理性和稳健性的讨论

1. 关于平行趋势和动态效果的讨论

当渐进性双重差分满足平行趋势假设，才能认为处理组和控制组的选择遵循了随机性原则，实证得到的结果才是无偏估计的。因此，本章借鉴贝克等（Beck et al.，2010）的做法，利用事件研究法（event study）对试点前的平行趋势进行检验，用以反映地方政府债券发行试点对地方政府债券发行利率和发行规模的影响，具体的回归方程如式（3-2）所示：

$$y_{it} = \sum_{k \geqslant -6}^{4} \beta_k D_{it}^m + \lambda_i + trend_t + \varphi \sum x_{it} + \varepsilon_i, m \neq 0 \qquad (3-2)$$

在式（3-2）中，y_{it} 表示被解释变量地方政府债券发行利率及发行规模，i 表示省份，t 表示年份，m 表示地方政府债券自发试点之后（前）的年份，D_{it}^m 是地方政府债券自发试点开展后（前）的第 m 年的虚拟变量，如 D_{it}^{-1} 表示不同省份试点前一年的值为 1，其他年份为 0。值得注意的是，为了避免共线性等问题对实证结果的影响，在实证过程中默认 m 不等于 0；同时，由于从试点开始到地方政府自行发债覆盖全国的时间不长，为了充分利用样本的变异度，在平行趋势检验中，除试点年份以外，还加入了试点之前及试点全面推广之后的年份，共计 11 年，并将 $m \leqslant -6$ 的数据都纳入 $m = -5$ 中，将 $m \geqslant 5$ 的数据都纳入 $m = 5$ 中。式（3-2）中的其他变量的定义与式（3-1）一致。

本章借鉴贝克等（2010）的方法将检验结果展现于图 3-3 中。在图 3-3 中，横轴表示 m 纵值的大小，纵轴在（a）、（b）、（c）、（d）四图中分别表示 3 年期债券发行利差、5 年期债券发行利差、3 年期债券发行规模和 5 年期债券发行规模，趋势线上的小圆圈为 β_k 的估计值，小圆圈上下的虚线为 90% 的置信区间。在（a）、（b）两图中，当 $k < 0$ 时，β_k 不能拒绝原假设，表明在试点前后，处理组省份和控制组省份 3 年期和 5 年期债券发行利差没有显著差异，即满足平行趋势假定，证实了前面回归结果的可信度。当 $k > 0$ 时，β_k 明显拒绝了原假设，3 年期和 5 年期债券的发行利差持续下降，说明随着试点开展，越来越多地方政府自行发行本地区债券，债券发行利差随着时间推进不断下降。（c）、（d）两图中，除了 $k = -1$ 时，其他 $k < 0$ 时，β_k 不能拒绝原假设，表明在试点前一年开始，处理组省份和控制组省份 3 年期和 5 年期债券发行规

模没有显著差异，当 $k=-1$ 时，表明市场对政策敏感度较强，在政策实施前一年已经能对政策进行感知并作出应对之策。因此，发行规模也满足平行趋势假定。当 $k>0$ 时，β_k 显著拒绝了原假设，3 年期和 5 年期债券的发行规模总体走势向上，表明地方政府债券自发试点增加了地方政府债券发行规模。

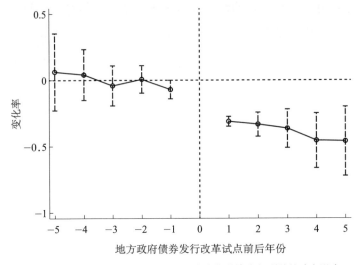

（a）地方政府债券发行试点对3年期债券发行利差的动态影响

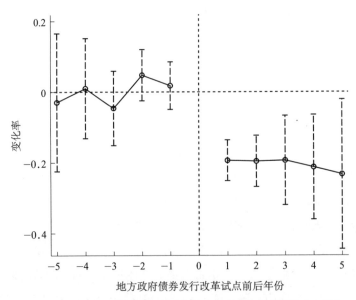

（b）地方政府债券发行试点对5年期债券发行利差的动态影响

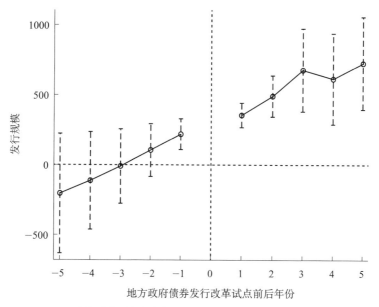

（c）地方政府债券发行试点对3年期债券发行规模的动态影响

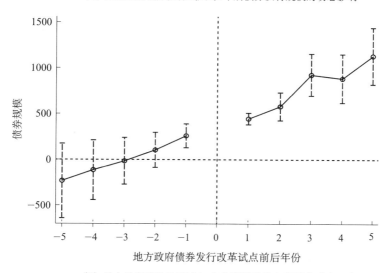

（d）地方政府债券发行试点对5年期债券发行规模的动态影响

图3－3 地方政府债券发行试点与债券发行利差和发行规模的动态效果

2. 稳健性检验

尽管基准模型最大限度地控制了影响地方政府债券发行利差和发行规模的其他因素，并通过平行趋势检验说明了回归结果是可信的，然而不可避免的是，样本期间中央进行的其他改革可能也会影响到本章的实证结果。最值得关注的是，样本期间存在一项影响范围深远的税制改革——"营改增"。与地方政府债券发行试点类似的是，"营改增"也是逐步推进的，两项改革在时间和省份上存在一定的重叠和交叉。因此，为了消除"营改增"对回归结果的影响，本章在基准模型中引入"营改增"虚拟变量①，进行稳健性检验，得到实证结果见表3-3。结果显示，加入"营改增"虚拟变量以后，各变量的系数符号及显著性水平与基准回归结果基本相似。这说明，地方政府债券发行试点对债券的发行利率和发行规模影响并未受到"营改增"的影响，表明本章的基准回归结果是稳健的。

表3-3 稳健性检验：控制"营改增"

变量	（1）scale_5	（2）spreads_3	（3）spreads_5	（4）scale_3
treat	-0.0493**	-0.00564*	2.344**	2.76***
	(0.02)	(0.01)	(-0.05)	(0.03)
"营改增"	0.0452	-0.051	-27	32.09
	(1.37)	(0.98)	(-1.43)	(-1.17)
控制变量	Yes	Yes	Yes	Yes
时间趋势	Yes	Yes	Yes	Yes
省份固定效应	Yes	Yes	Yes	Yes
N	180	180	180	180
adj. R-sq	0.772	0.685	0.891	0.765

注：括号中的数值为省级层面聚标准误差，***、**、*分别表示1%、5%和10%的显著性水平。

---

① "营改增"虚拟变量按照 t 省是否在 i 年实施"营改增"来设定。

第四章

中国地方政府债务支出效应机制分析

通过分析我国地方政府债务支出困局，发现地方政府债务支出效率的高低直接关系着地区经济发展的可持续性及稳定性。基于此，本章从债务支出效应机制出发，运用投入—产出方法分析我国地方政府债务支出效率的高低。

第一节　地方政府债务支出困局

地方政府债务"提质增效"的关键是提高债务运行能力，确保债务资金投入使用达到预期目标。目前，我国地方政府债务运行存在绩效考核指标不明、制度建设不足、资金使用效率较低等问题，导致资金运转不良，阻碍了债务资金的良性循环。

一、债务运行过程缺乏量化的绩效考核指标

具体的绩效考核指标是保证地方政府债务有序运行的重要支撑。为推进债务资金的高效利用，中央提出将债务纳入绩效管理，而绩效管理的首要前提是构建一套完整的管理目标、评价指标及反馈体系，但我国尚未出台全国统一的有关预算绩效评价工作的法律法规[①]（王秀芝，2015）。目前，地方债绩效管理方面，中央的宏观指导文件提出"建成全方位、全过程、全覆盖的预算绩

---

① 目前仅有财政部门的两个规章：《财政支出绩效评价管理暂行办法》（财预〔2011〕285号）和《预算绩效评价共性指标体系框架》（财预〔2015〕53号）。

效管理体系"① 及"建立健全'举债必问效、无效必问责'的政府债务资金绩效管理机制"。然而，地方政府制定本地区具体实施方案时，并没有提出统一的绩效考核目标以及具体的评价依据和评价方法，造成市、县级地方政府在具体实施绩效考核过程中存在评价方法无据可依、评价过程无从下手、评价结果参考价值有限等现象，导致评价过程主观性较强、评价结果真实性和实用性较弱等问题。这不仅造成债务评价过程的财力、物力及人力的浪费，也使得构建债务绩效管理体系的理念无法落实到位，中央出台的政策"形同虚设"。

二、债务资金运转缺乏有效的税收和会计制度支持

优惠的税收政策和完善的会计制度是提高债券资金运转的制度保证。地方政府通过将经营性国有资无偿注入融资平台公司，使得融资平台公司正常运营，在平台公司融资职能未剥离之前，这种无偿划转的行为在税法上属于同一主体内部之间的转移行为，不存在征税问题，但融资平台作为市场主体，在市场上进行交易时，需要交纳各项税金。在厘清融资平台公司与地方政府关系的过程中，大量融资平台公司资产向地方政府转移，其中也包括这类资产在市场交易过程中所产生的大量未缴纳税金，导致地方政府偿债压力加大。实践过程中，由于税法中对融资平台公司从事基础设施建设并未设定相应的税收减免政策，目前进行地方政府和融资平台公司资产剥离，当地政府需承担这类资产偿还税金的责任，给地方政府带来巨大支出压力。

作为厘清债务收入和支出基本手段的会计制度，是地方政府管理自身资产和负债的有效工具。然而，我国现行的债务预算缺乏基本公共财务管理信息（朱军，2012），政府预算报表实际上是一个流量报表，并未建立属于政府会计的"资产负债表"（马蔡琛，2018），导致债务资金的流向存在随机性及难以追溯性，加大了地方政府债务管理难度。虽然中央出台了《政府会计准则制度》，对专项债会计核算提出了处理方法②，但是由于没有健全的会计制度，在债务资金运转过程中，既存在债务资金漏记或重复记录的现象，又由于专项

---

① 详见中共中央办公厅、国务院办公厅印发的《关于全面实施预算绩效管理的意见》（中发〔2018〕34 号）。

② 详见财政部《关于地方政府专项债券会计核算问题的通知》（财库〔2015〕91 号）。

债缺乏统一的收入归集机制，无法对专项资金实行专账管理，导致在会计记录过程中存在专项账户资金与其他账户资金混淆核算的现象，影响了专项债资金使用的真实性。

三、债务资金使用效率较低

债务资金高效使用是促进地方政府债务资金良性运行、有效循环的重要途径。由于我国地方债务限额管理尚处于起步阶段，管理制度不完善，导致债务资金使用效率低下。究其原因，主要有以下两个因素导致资金使用效率不高：一是资金拨付时间和项目进度不一致，导致已安排的财政资金发生沉淀和浪费。在项目管理中，地方政府并未建立债券项目库，项目申请具有临时性，为了争取更多的债务资金，很多地方政府临时将不成熟项目纳入债券申请额度，造成项目资金拨付到位，还本付息已经开始，但项目审批手续并未完成，项目不能在资金下达时立即启动，导致资金长期滞留国库，降低债券资金使用效率，影响政府财政资金配置和使用的公信度（孙玉栋、吴哲方，2012）。二是地方财政、发改及重点项目办在债券的策划和准备工作方面存在欠缺，前期调研不足，对建设项目审核不到位，导致项目实施过程中出现工程烂尾，建设资金浪费，影响债券使用效益，降低投资拉动作用。同时，随着专项债支持方向的变化，剔除土储、棚改项目，地方政府符合支持条件的项目储备不足，新冠肺炎疫情又导致部分纳入计划的项目前期工作滞缓，出现"资金等项目"的现象，导致资金结存滞留，难以形成实物工作量，进一步降低了债务资金使用效率。

第二节　研究样本与指标体系的建立

一、研究样本

本章研究对象是地方政府债务支出效率，考虑到2012年以前地方政府债务投入和产出的相关数据未公开，加上西藏相关数据无法获取，故选择2012～2017年我国30个（不含香港、澳门、台湾）省级政府债务收支情况作为分析对象。相关数据主要来源于 Wind 数据库、《中国统计年鉴》（2013～

2018 年)、《中国财政年鉴》（2013 ~ 2018 年）、《中国国土资源统计年鉴》
(2013 ~ 2018 年)、《中国区域经济统计年鉴》（2013 ~ 2018 年）以及 EPS 数据
平台等公布的相关数据。

二、指标体系的建立

地方政府债务支出效率主要是研究地方政府债务投入与产出之比。因此，
应围绕投入产出构建地方债务支出效率指标体系。在投入变量上，依据数据的
可得性和科学性，本章选取能够代表地方政府实际投入的"政府负有偿还责
任的债务"作为投入变量。在产出变量上，审计署 2013 年全国政府性审计结
果显示，全国地方政府债务资金主要用于基础设施建设和公益性项目，在已支
出的政府负有偿还责任的债务 10.12 万亿元中，用于市政建设、土地收储、交
通运输、保障性住房、教科文卫、农林水利、生态建设等基础性、公益性项目
的支出 8.78 万亿元，占 86.77%。① 由于地方政府债务产出主要体现在民生项
目上，因此，在借鉴相关文献并保证现有数据可获得性的基础上，依据 2012 ~
2017 年我国 30 个省份的统计数据，应用 Stata15.0 软件进行相关性分析，剔除
线性化及逻辑关系较弱的指标，选取了包括上述七个方面的 15 个民生项目作
为产出变量。具体指标见表 4 - 1。

表 4 - 1   描述性统计

	变量	均值	标准差	最小值	最大值
投入变量	政府负有偿还责任的债务	4586.02	2530.04	448.20	12026.28
产出变量	建成区面积（平方千米）	1688.90	1183.30	122.10	5808.12
	天然气管道长度（千米）	15719.24	13559.20	486.00	71881.05
	年末实有道路长度（千米）	11981.85	10378.64	773.00	47112.38
	城市排水管道长度（千米）	17536.78	15612.09	1155.00	76885.65
	城市道路照明灯（千盏）	784.48	658.44	103.40	3538.41
	城市公园绿地面积（公顷）	19966.81	16893.16	1344.00	99884.70
	公路里程（千米）	148020.20	77684.44	12541.00	329950.50

① 具体参见 2013 年全国政府性审计结果，http：//www.gov.cn/gzdt/2013 - 12/30/content_
2557187.htm。

续表

变量		均值	标准差	最小值	最大值
产出变量	每十万人口中小学平均在校生数（人）	13186.12	3386.84	6043.00	20457.00
	城市公共汽车无轨电车运营线路网长度（千米）	28076.81	23664.79	1937.00	130942.00
	公共图书馆数量（个）	101.57	46.57	20.00	204.00
	卫生机构人员数（人）	347415.30	208786.30	40831.00	917894.00
	自然保护区面积（万公顷）	353.56	553.03	9.00	2182.20
	有效灌溉面积（千公顷）	2168.80	1643.73	115.48	6030.97
	征用土地面积（平方千米）	59.13	47.81	2.89	286.30
	当年造林面积（公顷）	217998.6	173146.3	862	805156

第三节　地方政府债务支出效率测算

一、指标的预处理

由于各投入、产出变量单位不统一，为确保数据之间的可比性及运算的可行性，需对数据进行标准化处理消除数据的量纲差距。本章按照式（4-1）和式（4-2）的极差变化法对数据进行无量纲化处理，以保证指标的同向性。

$$z_{ij} = \frac{x_{ij} - x_{\min j}}{x_{\max j} - x_{\min j}} \tag{4-1}$$

$$z_{ij} = \frac{x_{\max j} - x_{ij}}{x_{\max j} - x_{\min j}} \tag{4-2}$$

其中，x_{ij} 表示第 i 个省份第 j 项产出的取值，$x_{\min j}$ 表示 j 项产出的最小值，$x_{\max j}$ 表示 j 项产出的最大值，z_{ij} 表示无量纲化处理后的数值。

二、指标权重的确定

在确定投入、产出指标后，需确定各项指标的综合权重，以测算地方政府债务支出效率。目前，学术界主要有两种方法对指标赋权：一种方法是主观赋权法，如专家打分法、AHP 法等；另一种方法是客观赋权法，如熵权法、方差法和 CRITIC 法等，该方法依托数理理论，体现了变量之间的客观关系。与熵权法和方差法相比，CRITIC 法综合考虑了指标变异大小对权重的影响及各指标之间的冲突性，是一种较优的客观赋权法，它主要以两个客观因素来确定指标权重：一个因素是由标准差体现的指标对比强度；另一个因素是由相关系数体现的指标冲突程度。其中，标准差越大，对比强度越大；指标的相关系数越大，冲突性越强。

依据 CTITIC 法测算指标权重的计算步骤如下。

假设 I_j 表示第 j 个指标包含的信息量，ρ_j 表示第 j 个指标与其他之间的对比强度，指标 $\sum_{k=1}^{n}(1-r_{jk})$ 表示指标 j 和第 k 个指标之间的冲突程度，则 I_j 可表示为：

$$I_j = \rho_j \sum_{k=1}^{n}(1-r_{jk}) \qquad (4-3)$$

其中，$\rho_j = \dfrac{\sigma_j}{\overline{X}_j}$，$\overline{X}_j = \dfrac{1}{n}\sum_{i=1}^{n} X_{ij}$。

因此，I_j 越大，说明该指标包含的信息量越多，在系统中越重要，所赋权重就越大。所以，第 j 个指标的客观权重 ω_j 表示为：

$$\omega_j = \dfrac{I_j}{\sum_{k=1}^{n} I_k} \qquad (4-4)$$

根据以上计算方法，采用 Stata15.0 分析工具计算得到 15 个产出指标的客观权重，见表 4-2。

表 4-2　　　　　　　　　各产出指标的客观权重　　　　　　　　　单位:%

指标	权重	指标	权重	指标	权重
征用土地面积	12.65	城市道路照明灯	7.33	公共图书馆数量	8.62
当年造林面积	8.05	城市排水管道长度	5.75	每十万人口中小学阶段平均在校生数	3.98
有效灌溉面积	10.61	年末实有道路长度	5.97	城市公共汽车无轨电车运营线路网长度	8.54
自然保护区面积	1.87	天然气管道长度	5.93	公路里程	3.91
卫生机构人员数	6.27	建成区面积	5.20	城市公园绿地面积	5.33

三、评价方法

在地方政府债务支出效率研究方面，现有研究普遍采用地方政府当年的债务投入与产出数据相匹配进行分析，忽视了地方政府债务产出具有"时滞性"。在经济增长理论中，当期产出不仅取决于本期投入，在相当大程度上还会受到前期投入的影响。麦克纳布和梅莱斯（McNab & Melese，2003）以及威洛比和梅尔克斯（Willoughby & Melkers，2000）通过计量方法证实了，财政预算项目的支出效果在短期内难以见效，绩效评价应当考虑项目产出效果的时间滞后性。因此，本章在采用 GMM 估计方法确定地方政府债务产出滞后效应的基础上，运用"投入—产出"分析方法测算地方政府债务支出效率。

1. 模型设定

为了提高系数估计的可靠性，本章将 15 项产出指标进行指数化处理为综合产出指数，并作为 PADL 模型的被解释变量（Output）；同时，为了保证数据的一致性，本章也对投入变量进行了指数化处理，作为模型的解释变量（Input）。具体计算如式（4 – 5）及式（4 – 6）所示：

$$Output_{it} = \sum_{\theta=1}^{15} \omega_\theta \frac{(B_\theta)_{it}}{mean(B_\theta)} \qquad (4-5)$$

$$Input_{it} = \frac{A_{it}}{mean(A)} \qquad (4-6)$$

其中，式（4 – 5）和式（4 – 6）中 $Output_{it}$ 和 $Input_{it}$ 分别表示省份 i 在 t 年的综合产出指数和综合投入指数，θ 表示产出变量，ω_θ 表示各项产出的权重，$mean(B_\theta)$、$mean(A)$ 分别表示样本中 A、B_θ 的平均值。

考虑到地方政府债务产出既会受到当期投入的影响，也会受到过去投入的影响，长期来看是一个动态发展的过程。故在构建计量模型时，本章将被解释变量的滞后期纳入解释变量之中，由此也可能带来模型本身存在内生性、无法满足传统估计方法的假设前提、难以保证传统 OLS 等方法估计的准确性等问题。相比较而言，在不要求变量具备严格假定的前提下，广义矩估计更能对模型进行有效估计。因此，本章采用阿雷拉诺和波弗（Arellano & Bover，1995）提出的广义矩估计（GMM）对模型进行回归，GMM 方法包括差分 GMM（difference GMM）和系统 GMM（system GMM），与差分 GMM 相比，系统 GMM 的回归结果更有效（Blundell & Bond，1998）。基于此，本章确定以系统 GMM 考察地方政府债务"投入—产出"的滞后期，并构建如式（4 - 7）所示的面板自回归分布滞后模型（panel data autoregressive distributed lag model，PADL）。

$$Output_{it} = \alpha + \beta_1 \sum_{m=1}^{5} Output_{it-m} + \beta_2 \sum_{n=1}^{5} Input_{it-n} + \mu_{it} + \varepsilon_{it} \qquad (4-7)$$

其中，$Output_{it-m}$ 表示省份 i 相对于 t 年滞后 m 期的综合产出指数，根据样本量可知，最大滞后期为 5 年，$Input_{it-n}$ 表示省份 i 在 $t-n$ 期的综合投入指数，其最大滞后期也是 5 年，μ_{it} 表示不可观测的效应，ε_{it} 为随机扰动项。

2. 回归结果分析

分析地方政府债务投入产出滞后效应是为了确定解释变量 $Input$ 的最长滞后期限。即，地方政府债务投入需要多长时间才能获得产出成果。根据式（4 - 7）所示的面板自回归分布滞后模型，采用艾特 - 丁伯根（Alt-Tinbergen）提出的顺序回归法测算滞后期，运用 Stata15.0 对模型变量系数进行估计，共得到 5 个回归模型（见表 4 - 3）。表 4 - 3 中模型 1 至模型 3 是为测算滞后期，同步增加地方政府债务综合投入和综合产出指数滞后期的回归结果，模型 4 和模型 5 是为检验滞后期的稳定性，在保持产出综合滞后 1 期不变的基础上，逐步增加投入综合滞后期的回归结果。从总体结果来看，Arellano-Bond 二阶序列相关检验均大于 5%，说明系统 GMM 估计结果是无偏和一致的，同时各模型均通过了 Sargan 过度识别检验，表明模型选择的工具变量有效[①]，故模型设定较为合理。

表 4 - 3　　　　　　　　　　地方政府债务投入产出滞后效应分析

变量	模型 1	模型 2	模型 3	模型 4	模型 5
$L1.\,output$	0.946 ***	0.666 ***	1.148 ***	0.868 ***	1.121 ***
	(24.50)	(5.79)	(6.67)	(11.62)	(10.77)
$L2.\,output$		0.280	0.0488		
		(0.80)	(0.27)		

---

① 需要说明的是，当滞后期增加为 4 期时，Stata15.0 提示工具变量的个数大于观测值个数，同时两阶段矩估计的协方差矩阵是奇异的，故进行滞后 4 期甚至 5 期的回归结果没有意义，因此，本章仅检验并报告最长滞后 3 期的结果。

续表

变量	模型 1	模型 2	模型 3	模型 4	模型 5
$L3.\ output$			− 0.0536 (− 0.86)		
$input$	0.326 * (1.75)	0.185 (1.50)	0.151 (0.52)	0.217 (1.18)	0.0605 (0.22)
$L1.\ input$	0.467 ** (2.42)	0.272 ** (2.07)	0.232 (0.99)	0.420 ** (2.19)	0.146 (0.43)
$L2.\ input$		0.0840 (1.67)	0.00496 (0.04)	0.00274 (0.04)	0.0840 (0.92)
$L3.\ input$			− 0.201 (− 0.88)		− 0.0685 (− 0.27)
$cons$	0.0175 (0.67)	0.0620 (0.90)	0.0294 (0.36)	0.0222 (0.28)	0.0448 (0.49)
N	86	57	37	58	38
$Ar1$	0.855	0.412	0.013	0.079	0.058
$Ar2$	1.101	0.899	0.669	0.626	0.791
$Sarganp$	0.207	0.179	0.355	0.416	0.135

注：***、**、* 分别表示显著性水平为 1%、5% 和 10%，$L1.\ output$-$L3.\ output$、$L1.\ input$-$L3.\ input$ 则分别表示滞后 1 ~ 3 期的综合产出指数和综合投入指数，N 为样本观测值，$Ar1$ 和 $Ar2$ 分别表示一阶序列相关和二阶序列相关，$Sarganp$ 表示 Sargan 检验的 p 值。

从模型 1 至模型 3 的回归结果可以看出：（1）就当期投入 $Input$ 而言，其回归结果仅在模型 1 中通过了 10% 的显著性检验，且随着滞后期的延长，当期投入对当期产出均没有通过显著性检验，表明当期投入对当期产出的影响不确定。（2）从投入 $Input$ 滞后期来看，$InputL1$ 在模型 1 和模型 2 中均通过了 5% 的显著性检验，表明地方政府债务投入经过 1 期可获得产出成果，这与民生工程建设周期较长的现实相吻合；$InputL2$ 在模型 2 和模型 3 中均未通过显著性检验，说明滞后 2 期的投入对当期产出无实质影响，这与我国目前要求地方政府加快使用地方债、避免债务资金沉淀的现实相符。另外，在滞后期延长到 3 期的模型 3 中，$Input$ 滞后变量的系数均未通过显著性检验，甚至滞后 3 期投入变量的回归结果为负，说明滞后 3 期对现实并无指导意义，因此，可不予考虑滞后 3 期甚至滞后更长周期的回归结果。

从模型 4 和模型 5 的回归结果可以得出：（1）随着投入滞后期的延长，当期投入 Input 对产出的影响均不显著，这说明当期投入对当期产出无实质性影响，这似乎与一般的经济学理论相悖，但考虑到民生工程建设周期较长，地方债从投入到项目工程完工存在明显的"时滞性"，该结论有其现实依据。因此，这一发现在一定程度上表明，使用当期投入和当期产出的数据测算地方政府债务支出效率的方法有所不妥，需将产出的滞后期纳入评价体系。（2）增加投入滞后期，InputL1 的结果仍通过了 5% 的显著性检验，说明不论产出滞后期如何，投入滞后 1 期对当期产出都有较大影响。（3）当投入滞后 3 期时，回归结果为负，再一次证实了滞后 3 期的回归结果无参考价值。

综上所述，通过上述 5 个模型全面考察投入和产出滞后期，结果表明地方政府债务滞后 1 期的整体投入对产出具有重要影响。因此，可以得出地方政府债务产出的最长滞后期为 1 年。

3. 效率结果测算

根据上述分析结果，本章依据"投入—产出"分析方法测算地方政府债务支出效率水平。由于投入滞后 1 期对当期产出具有较大影响，因此建立式（4-8）所示的测算模型：

$$\mu_{it} = \frac{Output_{it}}{Input_{it-1}} \tag{4-8}$$

其中，μ_{it} 表示省份 i 在第 t 年的支出效率指数，$Output_{it}$ 表示省份 i 在第 t 年的产出指数，$Input_{it-1}$ 表示省份 i 在第 $t-1$ 年的投入指数。

本章选取的样本跨度为 6 年，但由于地方政府债务产出滞后期为 1 年，因此能计算出地方政府连续 5 年（2013～2017 年）的债务支出效率，结果见表 4-4。

表 4-4　　　　　　　　2013～2017 年地方政府债务支出效率结果

省份	2013 年	2014 年	2015 年	2016 年	2017 年	效率变化趋势
上海	0.5009	0.5221	0.4450	0.5570	0.6506	起伏不定
北京	0.4257	0.3616	0.3813	0.4570	0.7589	U 形
山东	2.5117	2.2679	1.0893	1.3333	1.2318	起伏不定

续表

省份	2013 年	2014 年	2015 年	2016 年	2017 年	效率变化趋势
广东	1.3302	1.3382	1.1925	1.3135	1.2734	起伏不定
江苏	1.5146	1.3120	0.9595	1.0203	1.0302	U 形
福建	2.2117	1.5674	1.0215	0.9925	0.8284	递减
辽宁	1.0893	0.9337	0.6063	0.5439	0.5740	递减
天津	—	0.9680	—	0.9364	0.8320	递减
浙江	1.0461	0.8731	—	—	0.8924	U 形
吉林	1.2483	1.2424	1.2739	1.3905	1.2892	倒 U 形
安徽	2.4676	1.9562	1.2949	1.2396	1.2529	递减
山西	3.3799	2.8097	2.1066	1.9234	1.8423	递减
江西	2.0001	1.5512	1.0797	1.1479	1.2262	U 形
河北	1.5354	1.4408	1.0778	1.1292	1.2297	U 形
河南	2.0712	1.7596	1.1456	1.0894	1.1553	递减
湖北	1.3270	1.1373	1.3129	1.2841	1.2928	起伏不定
湖南	1.6390	1.4776	0.8417	0.8791	0.8407	递减
海南	1.0320	0.8668	0.7055	—	0.6855	递减
黑龙江	2.8000	2.5022	—	1.5435	1.5623	递减
云南	1.2738	1.0947	0.7030	0.7065	0.7029	递减
内蒙古	1.6272	1.3790	0.8600	0.8927	0.9384	U 形
四川	1.0613	0.8823	0.8785	1.0220	1.0763	U 形
广西	2.2434	1.8869	0.8886	1.1025	0.9909	起伏不定
新疆	3.2519	2.6579	1.6438	1.6322	1.4642	递减
甘肃	4.1167	2.8761	2.1607	2.1986	1.9196	起伏不定
重庆	1.0348	0.9926	1.1931	1.2067	1.1534	起伏不定
陕西	1.4995	1.3318	—	0.8022	0.7996	递减
宁夏	—	1.8280	1.5434	1.4550	1.3065	递减
贵州	—	0.5027	0.3053	0.3379	0.3801	U 形
青海	2.8241	2.2656	—	0.9990	0.9807	递减

注："—"是由于部分数据缺失导致无法得出相应的效率指数，并不影响总体趋势的走向。

从地方政府债务支出效率变化趋势来看，各省份分别呈现持续下降的递减型、先降后升的 U 形、增减不定的起伏型以及先升后降的倒 U 形四种变化趋势。其中，福建、辽宁、天津、安徽、山西、河南、湖南、海南、黑龙江、云南、新疆、陕西、宁夏、青海 14 个省份效率呈现递减趋势，北京、江苏、浙江、江西、河北、内蒙古、四川、贵州 8 个省份呈现 U 形变化，上海、山东、广东、湖北、广西、甘肃、重庆 7 个省份变化趋势起伏不定，吉林省出现倒 U 型的变化趋势。具体而言，效率呈现递减变化的省份均在 2014 年和 2015 年出现断崖式下滑，此后逐渐下降。这说明大部分省份的地方政府债务资金使用效率不高，债务管理不到位。效率呈现 U 形变化的省份，也都集中在 2014 年和 2015 年达到效率的最低点，此后效率水平逐渐上升。说明这些省份在经历效率下降之后，通过采取相应的管理措施提高了债务支出效率。此外，也应注意到，福建、辽宁等 22 个省份效率突变的节点与《关于加强地方政府债务管理的意见》出台的时间一致，说明制定科学的债务管理文件不仅有助于规范地方政府债务投入方向，也有助于清查和终止地方政府不合规的投资项目，但也会造成某些地方政府债务支出效率在此期间出现较大波动。上海、山东等 7 个债务支出效率起伏不定的省份和吉林倒 U 形效率变化趋势的省份，则说明这些省份债务资金利用率不稳定，需深入挖掘债务资金使用潜力，加强项目启动的前期审核程序，优化债务资金的支出方向。

一般而言，产出与投入的比值越大，说明债务支出效率越高。因此，从地方政府债务支出效率得分来看，表 4 - 4 中有 13 个省份 5 年总体得分均在 1 以上，反映了这些省份每年的债务产出均超过投入，债务资金利用率较高，债务支出效率良好，说明在这些地区发行地方债有利于满足地区民生建设需求。值得注意的是，仍有 4 个省份 5 年总体得分均小于 1，表明这些省份存在债务资金投入浪费，债务管理水平有待提升，支出效率亟须改善。从得分的地区分布来看①，表 4 - 4 中 5 年内效率得分超过 1 的省份有 10 个分布在中、西部地区，而得分均小于 1 的 4 个省份中，北京、上海和天津属于东部地区，这说明地方政府债务支出效率与地方政府本身经济发展水平没有必然联系，综合财力居全

---

① 地理空间划分与第二章一致。

国前列的北京市和上海市，其债务支出效率低于 1，从某种程度上说明东部地区地方政府公共财政支出能够较好地满足民生建设需求，也凸显了东部地区在经济高速发展过程中，存在债务发行量较大、债务资金使用率不高的事实。这与以往研究表明地方政府债务支出具有显著的区域性相悖，突出说明了测算债务产出滞后性的重要性。

第五章

中国地方政府偿债机制分析

我国地方政府债务主要投向于无收益或收益较少的基础性及公益性领域，在国家大力实施减税降费背景下，地方政府债务的还本付息资金从何而来？随着地方政府债务偿债期的临近，地方政府的偿债能力是否能够应对偿债高峰期的到来？本章通过构建一个相对全面的指标体系来综合评价我国 30 个省份（不含西藏、香港、澳门和台湾）地方政府的偿债能力。

第一节　地方政府债务偿还困局

及时偿还债务是确保债务发行和资金良性循环的重要措施。目前，我国债务偿还方面主要面临以下挑战：偿债资金来源不明确、债务偿还期限结构灵活性不够、隐性债务化解任务艰巨。

一、偿债资金来源不明确

偿债资金占地方政府预算的合理比例是控制债务规模、保证债务良性循环的重要手段。在财政部发布的地方政府一般债务预算管理和专项债务预算管理办法中，一般债务本金和利息的偿还方式为一般公共预算收入，专项债务本金和利息则通过政府性基金收入、专项收入偿还[1]，但办法中并未具体规定偿债

---

[1]　详见《地方政府一般债务预算管理办法》（财预〔2016〕154 号）和《地方政府专项债务预算管理办法》（财预〔2016〕155 号）。

资金占预算收入的比重，加上新冠肺炎疫情、经济下行和减税降费等因素影响，财政自主性收入形势不容乐观，地方政府的可用财力用于保工资、保运转、保基本民生等刚性支出后，难以支撑债务硬性兑付需求。而文件允许债务通过借新还旧来偿还，借新还旧偿债方式极大程度上依赖于金融机构相关政策的出台及实施，当货币政策收紧时，可能会使地方政府陷入再融资难的困境，导致偿债来源更加不稳定。在实践中，由于中央文件并未规定地方政府一般公共预算支出中用于偿债的比例，造成地方财政在使用预算资金时并不会为债务预留偿债资金，加上国务院规定地方政府不得新设偿债准备金①，当前地方政府债务已经进入还本付息高峰期，没有有效的债务资金统筹措施，部分债务将存在逾期的风险。

二、债务偿还期限结构灵活性不够

灵活的债务偿还结构是降低债务融资成本、提高债务管理效率的坚实后盾。2018 年，财政部提出"各地可根据项目具体情况，在严格按照市场化原则保障债权人合法权益的前提下，研究开展地方政府债券提前偿还、分年偿还等不同形式的本金偿还工作"②。现实情况是，目前地方政府需要偿还的债务大部分是该政策出台前产生的，如果债权人不同意提前偿还，遵照以前年度签订的发行合同，地方政府需到期才能偿还债务本金和利息，在项目收益提前入库的情况下，由于偿还期限固化，导致资金沉淀和闲置，如果不提前归集收入，资金可能存在挪用的风险。此外，根据相关财政部门规定，存量隐性债务需在限期内化解完毕。但是大部分隐性债务贷款期限都超过化解时限，即使不落实化债方案也不存在实际违约风险，政策规定导致此类隐性债务"被提前还款"，在财政收入"捉襟见肘"的状况下，无疑会增加地方政府还本付息的压力。在具体操作过程中，部分建设进展顺利的项目早于偿债时点逐年产生收益，按照现行管理政策，政府债券本金只能到期偿还，同时，项目实现的收益需及时上缴财政，专账核算，且必须用于偿债。如此一来，将导致项目产生的收益长期闲置在财政账上，造成资金沉淀和闲置，不能发挥效益，与"六稳"

---

① 详见《国务院办公厅关于进一步做好盘活财政存量资金工作的通知》（国办发〔2014〕70 号）。
② 详见《关于做好 2018 年地方政府债券发行工作的意见》（财库〔2018〕61 号）。

政策相抵触。

三、隐性债务化解任务艰巨

隐性债务是防范化解重大风险、规范地方政府债务管理的重要一环。目前隐性债务占地方政府债务余额的比重偏高，若不能有效控制其规模，如遇国家金融调控政策变化，银行贷款资金链条中断或不能按时偿还银行贷款和支付工程款等情况，可能转化为政府"托底"债务风险。故寻求隐性债务化解方法是化解地方政府债务风险、提高地方政府债务管理透明度的关键内容，为此，中央提供了7种化解隐性债务的思路。[①] 然而，目前地方政府隐性债务大多为无收益的公益性项目，对应资产不够优良、价值较低，在一定时期内转化为偿债资金能力较差，在化解思路中，很难通过出让部分政府股权以及经营性国有资产权益等其他方法化解隐性债务风险。因此，大部分地方政府采用安排财政资金偿还和发行置换债券两种方法。受新冠肺炎疫情的影响，财政减收明显，可偿债财力严重不足，加上目前债券置换前景不明，导致隐性债务化解难度加大。虽然地方政府制定了隐性债务化解方案，但是随着减税降费和"放管服"改革的深入推进，地方财政"自我造血"能力有限，财政运行艰难，能够用于化解政府债务的财力非常有限，客观上加大了隐性债务偿还压力和化解难度。

第二节　地方政府偿债能力指标体系的构建

一、偿债能力指标的选择

（一）指标选择的内在逻辑

地方政府债务偿债能力不仅受到宏观经济环境的影响，而且还与地区财政运行状况、债务发展水平相关。一方面，从经济发展环境来看，理论上，当经济处于快速发展时期，经济活力较强，政府举债用于经济建设，资金回笼快，

[①] 《关于防范和化解地方政府隐性债务风险的意见》（中发〔2018〕27号）提出化解隐性债务的方法具体包括：安排财政资金等偿还；出让政府股权以及经营性国有资产权益偿还；利用项目结转资金、经营收入偿还；隐性债务合规转化为企业经营性债务；发行置换债券化解；通过借新还旧、展期等方式偿还；采取破产重整或清算方式化解。

政府偿债能力也较强；当经济处于衰退期时，整体经济活力不足，政府需设定较高的债务利率才能筹集到建设资金，导致地方政府债务成本提高，偿债风险提高，偿债能力变弱。另一方面，从地方政府财政运行状况来看，目前减税降费政策的实施导致地方政府财政收入增长受限，而地区经济发展亟须加大支出投入，导致地方政府财权与事权不匹配，在此背景下，财政收支不对等缺口只能通过举债的方式弥补，举债规模的扩大必将加大地方政府未来偿债压力，影响地方政府偿债能力。此外，地方政府的债务发展水平也直接关系到其偿债能力。当地方政府债务规模过高，地方政府每年的还本付息支出比例将持续上升，在财政可支配收入不足的情况下，地方政府只能寻求"借新还旧"的方式偿还债务本息，从而进一步削弱地方政府偿债能力。因此，通过借鉴已有文献的研究基础，并对地方政府偿债能力进行分析，基于合理性、可得性及有效性的原则，从经济发展水平、地方财政运行状况及地方债务整体情况三个维度总结影响地方政府偿债能力的主要因素（见表5-1）。

表5-1　　　　　　　　　　地方政府偿债能力指标体系

指标分类	指标名称	相关性	指标计算
经济发展水平	实际GDP增长率	+	（当年实际新增GDP总额/上年实际GDP总额）×100%
	第三产业占比	+	第三产业总值/总产值
	固定资产投资率	+	（固定资产投资规模/当年GDP）×100%
地方财政运行状况	财政自给率	+	（当年财政收入/当年财政支出）×100%
	财政收入占GDP的比重	+	（当年财政收入总额/当年GDP）×100%
	财政支出占GDP的比重	−	（当年财政支出总额/当年GDP）×100%
	财政收入增长率	+	（当年财政收入增长额/上期财政收入总额）×100%
	财政支出增长率	−	（当年财政支出增长额/上期财政支出额）×100%
	财政赤字率	−	（当年财政赤字/当年GDP）×100%
地方整体债务状况	负债率	−	债务余额/当年GDP
	债务率	−	债务余额/财政收入
	债务依存度	+	（当年债务发行额/当年财政支出）×100%
	债务增长率	+	（当年新增债务/上期债务余额）×100%
	逾期债务率	−	（当年到期未偿还债务/当年全部到期债务）×100%

注：其中"＋"表示正向关系，"－"表示负向关系。

（二）具体指标的选择

1. 经济发展水平。经济水平的好坏不仅决定了地方政府举债的规模，也决定了地方政府的偿债能力。因此，经济发展水平是决定地方政府偿债能力的核心指标。根据已有文献的研究，GDP 增长率的高低是经济可持续发展的重要指标，第三产业及固定资产投资率是经济活力的重要标志，故本章选择这三个指标衡量经济发展水平。

2. 地方财政运行状况。地方财政收支状况决定了地方债务的可持续性，也关系着地方政府偿债能力。本章选取财政收入占 GDP 比重、财政收入增长率、财政支出占 GDP 比重、财政支出增长率、财政自给率以及赤字率反映地方政府财政运行状况。其中，财政收入占 GDP 比重、财政收入增长率代表了地方政府自我造血能力的强弱，也决定了地方政府能否按时还本付息。财政支出占 GDP 的比重、财政支出增长率以及财政赤字率则代表了地方政府发展惯性，财政自给率衡量了地方政府自身财力支撑其支出的能力，其值越高说明地方政府财政越弱，财政赤字率则衡量财政收支失衡及地方政府需举债的规模。

3. 地方政府债务状况。地方整体债务状况直接衡量了地方政府偿债能力。由于各地经济发展水平及财政运行状况不同，直接使用债务总额进行衡量有失偏颇。偿债能力体系中，本章选择了一般文献常用的相对指标，主要包括债务负担率、债务率、债务依存度、债务增长率、逾期债务率以及债务到期比例。其中，负债率及债务率反映地方政府整体债务状况，债务增长率反映债务周期的变化状况，逾期债务率反映地方政府债务偿还压力。

上述具体指标及其计算公式以及指标与地方政府偿债能力的关系均显示于表 5 - 1 中。指标中经济发展状况及财政运行状况的相关数据主要来源于相应年份的《中国统计年鉴》《中国财政年鉴》等，而债务相关的数据主要来源于WIND 数据库及根据中国债券信息网上的数据汇总而来。

二、地方政府偿债能力测算方法的选择

在所选择的指标体系中，指标数量较多且各指标之间数值单位差异较大，不同指标与偿债能力存在正负相关性，因此，在衡量地方政府债务偿债能力时，需通过一定方法确定不同指标的权重。常见的赋权方法分为主观赋权法和

客观赋权法。主观赋权法主要是依据主要经验，通过一定的计算方法对不同指标进行赋权，主要包括层次分析法（AHP）、专家评判法、指数加权法等；客观赋权法主要是通过各指标之间提供的信息相关度来确定权重的方法，主要包括熵值法和主成分分析法、变异系数法等。为充分发挥指标对地方政府债务偿债能力的衡量，本章采用层次分析法和熵值法相结合的方法确定指标权重，既可发挥主观经验对指标权重的模糊判断，又可充分利用客观数据自身提供的信息判断指标权重。

1. 层次分析法

层次分析法通过主观经验判断的方法，对不同指标在目标体系中的重要程度进行有效分析，赋予其不同的权重，从而解决无法清晰定量分析的多目标决策问题。其具体测算步骤如下。

（1）通过与地方政府债务研究专家进行访谈，依次对不同指标的重要程度进行两两判断，并按 $1 \sim 9$ 的标度进行评分，从而组成判断矩阵 M（见式 5-1）。m_{ij} 代表 m_i 相对于 m_j 的相对重要程度。如果 m_{ij} 等于 3，表示 m_i 相对于 m_j，其重要程度为 3，相对应的，m_{ji} 等于 $1/3$，即 $m_{ij} \cdot m_{ji} = 1$。

$$M = \begin{bmatrix} m_{11} & m_{12} & \cdots & m_{1n} \\ \vdots & \ddots & & \vdots \\ m_{n1} & m_{n2} & \cdots & m_{nn} \end{bmatrix} \qquad (5-1)$$

其中，i，$j = 1$，2，3，$\cdots$，n。

（2）对判断矩阵内的每行指标单独进行标准化处理。

$$\widetilde{m}_{ij} = m_{ij} / \sum_{p=1}^{n} m_{pj} \qquad (5-2)$$

（3）将标准化后的元素每行相加重新组成新的矩阵，并对新矩阵进行归一化处理得到权重矩阵。

$$\widetilde{A}_i = \sum_{j=1}^{n} \widetilde{m}_{ij} \qquad (5-3)$$

$$A_i = \widetilde{A}_i / \sum_{i=1}^{n} \widetilde{A}_i \qquad (5-4)$$

（4）检验判断矩阵是否通过一致性标准，构建一致性判断指标 C. I.（consistency index）。

$$C. I. = (\theta_{\max} - n)/(n - 1) \qquad (5-5)$$

其中，θ_{max} 为矩阵的最大特征值。当 $C.I.$ 等于 0 时，表明判断矩阵 M 是完全一致的。$C.I.$ 值越大，说明判断矩阵不一致性程度越大。

2. 熵值法

熵值法是通过计算原始数据之间的熵值来判断指标的差异或离散程度，熵值越小，离散程度越小，则该指标提供的信息就越大，需赋予较大的权重，因此，可根据各指标之间的离散程度，计算熵值，确定不同指标的权重。具体的计算步骤如下。

（1）指标的标准化。假定有 m 个样本数量，n 个指标数量，指标值为 X_{ij}。针对正负指标采用级差法进行标准化处理以消除量纲差距，得到标准矩阵 $X = (x_{ij})_{m \cdot n}$。

正向指标计算公式：

$$X'_{ij} = \frac{X_{ij} - \min\limits_{i} X_{ij}}{\max\limits_{i} X_{ij} - \min\limits_{i} X_{ij}} \qquad (5-6)$$

负向指标计算公式：

$$X'_{ij} = \frac{\max\limits_{i} X_{ij} - X_{ij}}{\max\limits_{i} X_{ij} - \min\limits_{i} X_{ij}} \qquad (5-7)$$

（2）计算第 i 项样本下第 j 个指标值的比重 p_{ij}。

$$p_{ij} = \frac{X'_{ij}}{\sum\limits_{i=1}^{m} X'_{ij}} \qquad (5-8)$$

（3）计算第 j 项指标的信息熵值 e_j。

$$e_j = -\frac{1}{lnm} \sum\limits_{i=1}^{m} p_{ij} ln p_{ij}, 0 \leq e_j \leq 1 \qquad (5-9)$$

（4）计算第 j 项指标的差异系数 g_j。

$$g_j = 1 - e_j \qquad (5-10)$$

（5）计算第 j 项指标的权重 w_j。

$$w_j = \frac{g_j}{\sum\limits_{j=1}^{g_j} g_j} \qquad (5-11)$$

（6）计算第 j 个样本评价指数 D_j。

$$D_j = \sum\limits_{j=1}^{m} w_j p_{ij} \qquad (5-12)$$

其中，$X_{ij} \in [0, 1]$，$i = 1, 2, 3, \cdots, m$；$j = 1, 2, 3, \cdots, n$。

3. 综合赋权法

为了更准确地衡量地方政府偿债能力的大小，采用层次分析法和熵值法相结合的方法，既可以利用专家意见，依据主观经验赋予不同指标相应的权重，又可根据数据提供的客观信息熵动态调整指标的权重，因此，综合赋权法能够更好地发挥主客观赋值法的优势。目前，国内一些学者采用综合赋权法构建地方政府债务绩效评价体系（张吉军等，2018），也通过综合赋权法构建地方政府债务风险预警机制（缪小林，2012）。但目前暂没有学者基于综合赋权法研究地方政府偿债能力。

定义综合赋权法下指标的权重为 η_j，则 η_j 是层次分析法与熵值法结合起来的结果，且理论上 η_j 与 A_i 及 w_j 尽可能接近。基于最小相对信息熵原理，采用拉格朗日乘数法则，可以得到 η_j。

$$\min Y = \sum_{j=1}^{n} \eta_j(\ln(\eta_j) - \ln(A_i)) + \sum_{j=1}^{n} \eta_j(\ln(\eta_j) - \ln(w_j)) \quad (5-13)$$

$$s.t. \sum_{j=1}^{n} \eta_j = 1, \eta_j \geqslant 0.$$

$$\eta_j = \sqrt{A_i w_j} / \sqrt{\sum_{j=1}^{n} A_i w_j} \quad (5-14)$$

第三节　我国地方政府债务偿债能力估算

一、偿债能力指标权重的确定

由于 2015 年我国地方政府开始纳入预算管理，债务管理逐渐规范化，且同年开始发行地方政府一般债券及专项债券，为保持与后续研究一致，本章的数据选取我国除西藏、澳门、香港、台湾以外的 30 个省份 2015～2019 年的相关数据。

1. 层次分析法赋权结果

依据债务专家对上述指标的相对重要程度进行打分，结合理论分析，按照层次分析法的计算过程确定指标权重，以三个一级指标为例，基于专家打分构建如式（5-15）的判断矩阵，通过对每行指标进行标准化，再对判断矩阵进行归一化处理，通过计算确保矩阵通过一致性检验的前提下，最后得到各指标的权重，如式（5-16）所示。

$$\begin{bmatrix} 1 & 1/3 & 1/2 \\ 3 & 1 & 1/4 \\ 2 & 4 & 1 \end{bmatrix} \qquad (5-15)$$

$$\begin{vmatrix} 0.0972 \\ 0.2917 \\ 0.6111 \end{vmatrix} \qquad (5-16)$$

2. 熵值法及综合赋权法结果

对 2015~2019 年地方政府债务相关数据进行标准化处理以后，依次按照熵值法的计算方法，得到各指标的权重 w_j。结合层次分析法和熵值法的权重结果，按照综合赋权法的计算公式，得到综合赋权法下各指标权重（见表 5-2）。

表 5-2　　　　层次分析法、熵值法及综合赋权法计算的权重　　　　单位:%

指标分类	指标名称	层次分析法权重	熵值法权重	综合权重
经济发展水平 （0.0972）	实际 GDP 增长率	3.56	0.51	1.82
	第三产业占比	2.03	1.24	1.97
	固定资产投资率	1.84	0.73	1.44
地方财政运行状况 （0.2917）	财政自给率	8.56	9.22	11.28
	财政收入占 GDP 的比重	9.23	8.54	10.06
	财政支出占 GDP 的比重	9.23	8.61	10.37
	财政收入增长率	6.77	15.36	9.29
	财政支出增长率	3.01	0.79	4.39
	财政赤字率	14.53	7.88	9.35
地方整体债务状况 （0.6111）	负债率	4.42	5.65	6.04
	债务率	7.02	17.67	13.45
	债务依存度	8.77	10.91	6.33
	债务增长率	10.42	4.56	7.68
	逾期债务率	9.76	8.97	9.32

二、我国各省份偿债能力的动态演进

在运用综合赋权法确定指标权重的基础上，通过逐层加权计算 2015～2019 年 30 个省份地方政府偿债能力的测算结果（见表 5-3）。数值越大，说明偿债能力越强，反之，则说明偿债能力越弱。

表 5-3　　　　　2015～2019 年不同省份地方政府偿债能力测算结果

省份	2015 年	2016 年	2017 年	2018 年	2019 年
北京	16.840	17.023	17.336	17.352	17.401
天津	10.965	11.289	11.816	12.585	12.812
河北	8.111	8.513	9.102	9.355	9.880
山西	6.212	6.160	5.820	5.234	5.427
内蒙古	5.416	6.099	6.278	6.951	7.193
辽宁	8.013	8.618	9.226	9.380	9.581
吉林	7.138	7.268	7.799	8.513	9.145
黑龙江	5.733	5.267	5.124	5.077	5.110
上海	13.901	14.441	15.022	15.435	15.572
江苏	11.208	11.694	11.994	12.221	12.209
浙江	10.419	10.781	11.130	11.414	11.878
安徽	6.755	7.264	7.023	7.393	7.716
福建	8.956	9.117	9.448	9.683	10.146
江西	6.177	6.590	7.088	7.594	7.693
山东	9.297	9.817	10.147	10.421	10.662
河南	7.339	8.403	9.031	9.318	9.601
湖北	8.684	9.361	9.502	9.636	9.714
湖南	7.020	7.465	7.859	8.292	8.870
广东	10.776	11.070	11.294	11.591	11.882
广西	8.227	8.680	8.848	8.981	9.867
海南	7.040	7.818	8.116	8.275	8.609
重庆	7.578	7.624	7.806	8.840	9.003
四川	7.194	7.901	7.897	8.553	8.010
贵州	6.896	6.718	6.697	7.565	7.489

省份	2015 年	2016 年	2017 年	2018 年	2019 年
云南	5.719	6.082	6.452	6.714	6.914
陕西	6.128	6.601	6.364	6.588	6.574
甘肃	5.395	5.026	5.187	5.636	6.079
青海	5.223	5.767	5.115	5.313	5.088
宁夏	5.654	6.054	6.316	6.494	6.749
新疆	6.788	7.527	7.371	7.443	7.615

通过地方政府偿债能力时间趋势来看，山西、青海、黑龙江等省份地方政府债务呈现下降趋势，安徽、四川等省份呈现先升后降的趋势，其他省份基本呈现上升趋势。说明自 2015 年中央将地方政府债务纳入预算管理，促使地方政府债务管理规范化，债务数据逐渐透明化，中央采取的地方政府债务管理措施行之有效，地方政府的偿债能力在逐渐增强。在经济下行压力加大、地方财政收入增长乏力的背景下，需谨防地方政府大规模举债刺激经济的行为影响后续偿债能力。

从横向比较来看，地方政府偿债能力呈现较强的区域特征。整体来看，受经济环境及财政增收能力的影响，2015～2019 年中、西部地区地方政府偿债能力弱于东部地区，其中西部地区的宁夏、青海、云南、甘肃等省份以及中部地区的山西、陕西等省份偿债能力相对更弱。而偿债能力较强的省份主要是北京、天津、广东及长三角的上海、江苏、浙江等省份，这些省份经济发展潜力较强，财政自主增收能力较强，保障了债务的可持续性。

三、我国各省份偿债能力的空间格局

为了纵向比较不同年份各省份地方政府偿债能力的大小，本章采用变异系数对地方政府偿债能力进行进一步分析。变异系数是标准差与平均值的比值，比值越大，表明数据聚集度越弱，地区之间差异性越小；反之，比值越小，表明数据聚集度越高，地区之间差异性越大。从地方政府债务偿债能力的区域划分来看，东部地区偿债能力平均水平高于中、西部地区，这与经济发展水平相匹配，且东部地区偿债能力的差异系数相对较高，说明东部地区内部偿债能力差异较大；中、西部地区偿债能力的平均水平相差不大，说明中、西部地区之间偿债能力差别不大，二者的差异系数除2016年中部大于西部地区以外，其他年份均是西部地区高于东部地区，说明西部地区内部偿债能力差异大于中部地区。

表 5 - 4　　　　　　　2015～2019 年分地区的平均值及差异系数

地区	统计量	2015 年	2016 年	2017 年	2018 年	2019 年
东部地区	平均值	10.866	11.289	11.694	11.974	12.239
	差异系数	0.238	0.226	0.216	0.210	0.197
中部地区	平均值	6.747	7.137	7.507	7.922	8.317
	差异系数	0.144	0.174	0.154	0.137	0.137
西部地区	平均值	6.409	6.748	6.897	7.349	7.601
	差异系数	0.166	0.169	0.156	0.155	0.147

　　进一步地，利用 arcGIS 软件的自然间隔点分级法（Jernks），将地方政府偿债能力分为"高、中、低"三档，2015 年地方政府偿债能力最强的省份包括北京、天津、江苏、上海、浙江、广东、海南，中等偿债能力的省份包括辽宁、河北、山东、河南、湖北、四川、福建、广西，其他为偿债能力相对较差的省份，这基本与东、中、西部地区经济发展水平相一致。2019 年地区偿债能力变化较大的是重庆、湖南的偿债能力变强，而四川的偿债能力变弱。

第六章

地方政府债务运行机制的国际经验借鉴

由于各国经济发展方式、文化背景等因素的不同，债务运行的发展也各不相同，本章选取美国和日本政府债务运行进行介绍，在梳理两国地方政府债务运行的发展历程、主要内容的基础上，分析其债务运行取得的成效，为我国构建科学合理的地方政府债务运行机制提供国际经验借鉴。

第一节　美国地方政府债务运行机制模式

一、美国地方政府债务运行机制发展历程

以美国证券交易委员会（United States Securities and Exchange Commission, SEC）的划分标准，可以对美国地方政府债务运行阶段做以下分类：一是以纽约市政府债务兑付危机划分为无序发展阶段和有序发展阶段；二是以华盛顿公共电力供应系统违约事件（WPPSS）划分为有序发展阶段和严格管理阶段。

（一）无序发展阶段

1933 年经济大萧条时期，为促进经济复苏，美国开始大量举借债务用于公共基础设施建设，同时为了防止债务野蛮生长，出台《1933 年证券法》规范地方政府债务运行管理。1949 年的预算与会计报告中，提出包括债务支出在内的财政运行应注重绩效，表明美国政府开始注重财政绩效管理。1970 年左右，经济发达国家出现严峻的经济停滞与通货膨胀并存的状况，为满足财政支出需求，美国联邦政府和地方重拾债券工具。同时，出台了《联邦证券法》

和《证券交易法》对政府债务进行有效管理，但美国证券交易委员会为了促进地方政府债务的发展，给予地方政府债务较大的豁免权，因此，这一时期美国联邦政府对于地方政府债务运行并没制定详细的规则，地方政府债券的发行完全由本级政府决定。

美国政府在该阶段关注地方政府债务运行过程中的效率性，即相比在债务支出过程中所花费的资金总量，更关注政府债务资金使用的分配过程和该过程的效率测算，而在债务的发行、偿还及监管方面并没有对地方政府进行太多约束。

（二）有序发展阶段

纽约市政府债务兑付危机使得美国政府意识到放任地方政府债务自由发展的危险性，以及规范债务运行机制的重要性，开始逐步运用法律法规对地方政府债务进行管理。为防止类似纽约市兑付危机事件的发生，SEC 修订了《证券法》，并颁布了《1975 年修订案》，确定了地方政府债券监督管理的法律框架和主要机构。具体而言，美国《证券法》中的反欺诈条款规定地方政府债务发行人需定期如实报告债务相关信息，SEC 根据此条款可对地方政府债务进行直接管理，同时，由于直接管理约束性有限，SEC 也可通过对债务经纪商和交易商的注册管理，并发布《15c2－12 规则》对地方政府债务信息披露的持续性进行规定，来达到对地方政府债务后续发展管理的目的。同时，依据《1975 年修订案》设定了行业自律组织——市政债券规则制定委员会（Municipal Securities Rulemaking Board，MSRB），目的在于为从事地方政府债务发行、承销、交易等业务的证券金融机构发行提供意见，以此来管理地方政府债务运行。

这一阶段，美国地方政府债务运行的主要特点是逐步规范地方政府债务运行，颁布多条法令规范地方政府债务发行、使用及偿还，同时，政府对债务运行进行一定程度的监督。由于监督主要依靠 SEC 及行业自律组织 MSRB，使得监督的有效性有限。

（三）严格管理阶段

1983 年 WPPSS 违约事件暴露了地方政府债务在运行过程中项目运行混乱、债务管理约束力不够，推动 SEC 对地方政府债务运行进入严格管理阶段。

SEC 管理办法主要有以下三点：一是建立国家认可的地方政府债券信息库（NRMSIRs）作为地方政府债券信息披露平台，多次修订《15c2－12 规则》，对地方政府债务的信息披露内容作出更详细的规定，并在 2008 年修订案中规定建立地方政府债券市场电子数据库系统（EMMA 系统）。二是 2010 年 SEC 根据《多德—弗兰克华尔街改革与消费者保护法案》的相关要求，将为地方政府债务发行和使用提供意见的市政顾问纳入管理范围，并进一步细化 MSRB 的相关规则。三是为了保证法律法规的贯彻执行以及债务合理发展，成立非政府性的证券业独立自律监管机构——美国金融业监管局（FINRA），通过与美国证券交易所、纽约证券交易所以及交易报告系统等证券业机构签订合作协议，对所有涉及地方政府债券交易的证券公司的交易行为进行监管，从而有助于地方政府债券交易商按照 MRSB 的相关规定进行注册，并监测地方政府债券交易行为。此外，美国联邦储蓄保险公司、联邦储备系统以及货币监理署也在地方政府债务运行过程中发挥了一定的监管作用。

这一阶段，美国地方政府债务运行的主要特点是建立了一套完整的债务运行管理制度，并通过事前审核、事中监控和事后跟踪的措施保证债务运行的规范性，促进地方政府债务良性运转。

二、美国地方政府债务运行的主要内容

在地方政府债务运行机制方面，美国具备以下优势。

（一）完善的债务运行法律制度框架

从联邦政府颁布的法律到行业协会制定的自律规定再到地方政府自行实施的法律法规，美国地方政府债务运行的法律框架较为完备（如图 6－1 所示）。

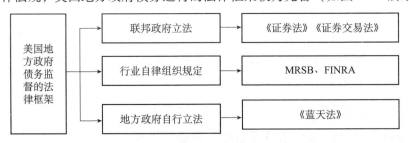

图 6－1　美国地方政府债务监管法律框架

美国联邦政府管理地方政府债务运行的法律规范主要体现在《证券法》和《证券交易法》之中。对包括地方政府债券在内的证券发行和交易行为进行规定，其中的反欺诈条款对地方政府债券运行过程中所涉及的参与人进行事后监督，民事责任条款要求参与人履行信息披露的义务，保证债务信息及时有效地公开。同时，财政部、证监会、联邦储蓄保险公司等联邦政府部门也颁布相关的行政法规对地方政府运行机制进行规定。证监会作为债券市场主要的监管者，对市场上的证券交易行为有最高监督权，其他行政机构则出台相应的法律法规规范债券的发行或使用等某一方面的内容。此外，美国国会通过立法程序对地方政府发行额度进行控制，在债务限额内可以自由发债，当债务超过限额则需停止发行新债直至债务额度减少到限额内，以此来控制地方政府债务规模。

　　包含 MRSB 和 FINRA 在内的行业自律组织，作为 SEC 与美国国会妥协的产物，主要制定地方政府债券运行的实施细则。MRSB 通过制定大量细则，界定了 MRSB 的权利，规范从事地方政府债券业务的门槛条件，监控发行机构向投资者披露债券相关的风险及债券收益情况，监督销售机构是否公平对待所有投资者等内容。FINRA 旨在保障地方政府债券交易商在 MRSB 的规则范围内交易，同时审查地方政府债券交易商是否存在潜在违规行为，保证地方政府债券能够在风险控制下交易。

　　作为联邦制国家，美国地方政府具有较大的自主决策权。各州通过颁布适用于本地证券销售的法律法规（称为《蓝天法》）管理地方政府债务运行情况，这些法律法规对债券运行的各环节进行规定。在债券发行阶段，规定地方政府债务的发行规模、责任划分等内容；在债券销售阶段，对参与债券销售的证券机构进行约束，规范证券结构的销售行为；在债券存续期阶段，当地的立法机构（如市议会）则对地方政府债务运行进行监管，地方行政机构需定期向立法机构提交预算及债务等报告，并接受立法机构质询。

（二）完备的举债程序

　　首先，在债券发行阶段，美国地方政府债券实行注册豁免制度，各级地方政府在发行债券时不需要注册，可选取公募和私募两种方式。在具体操作过程中，主要以公募为主，公募又分为协议承销和竞标承销。在公募发行方式下，协议承销方式得益于销售时间的灵活性，能为投资者提供更多的债券信息；竞标承销能提供一个具有竞争力的销售价格，受到信用评级较高的承销商的青睐。私募方式则满足机构信用评级或债券信用评级一般发行主体的偏好。

其次，在债务资金支出环节，以法律形式将地方政府债务资金的使用方向进行限定，规定地方政府债务主要用于以下几方面：（1）公共资本建设项目或大型设备采购；（2）支持并补贴私人活动；（3）为短期周转性支出或特种计划提供资金；（4）偿还旧债；（5）支付政府的养老金福利责任。

同时，为了提高地方政府债务支出绩效，在债务运行过程中采用各种评价方法对债务的使用进行评价。具体来说，美国在债务运行过程中提出了"项目评估分级工具"（program assessment rating tool，PART）、"三色等级评价体系"等评价方法。PART是由精心设计的一系列提问组成，设计这些提问的目的在于为联邦政府内部预算项目绩效等级提供一种一致性方法。[①] 每一个项目评估分级工具的子类都由4个部分组成，每个组成部分包含了25个基本问题以及根据不同类型项目设计的额外问题，每个部分都有相应的权重。三色等级评价体系（也称红、黄、绿计分卡式评级制度）强调的是政府部门支出责任绩效评估，该体系要求政府部门各机构每个季度都要接受联邦政府的评价，联邦政府依据部门的债务支出绩效进展情况和完成情况用红色、黄色、绿色对其进行标注，进展情况良好的以绿色标示，进展情况一般的以黄色标示，进展不力的以红色标示，并限定红色项目在规定时间内完成整改。

最后，在债务偿还阶段，美国地方政府依据债券的性质安排偿债资金。对于一般责任债券，地方政府可使用项目收益、税收收入等各类资金还本付息，当现有收入无法偿还债务本金时，政府可以提高项目收费率或者税率以保证筹资需要。如果地方政府处于破产境地，无法筹集足额的资金偿还债务本息时，投资者可向法庭上诉以获得政府或其代理机构的资产。对于项目收益债则需以项目收益作为偿债资金。在项目收益不足的情况下，地方政府不得以其他收入偿还债券本息。

---

① 张志超. 美国政府绩效预算的理论与实践 [M]. 北京：中国财政经济出版社，2006.

具体来说，美国地方政府举债程序包括如图 6 - 2 所示的三个阶段。

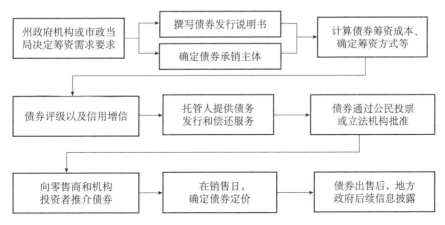

图 6 - 2 美国地方政府债券运行流程

资料来源：李萍，等．地方政府债务管理：国际比较与借鉴［M］．北京：中国财政经济出版社，2009：85.

(三) 完善的债券信息披露制度

为促进地方政府债务信息透明化并保障投资的利益，美国构建了完善的债券信息披露制度，主要由政府组织、自律组织以及信用评级机构披露政府债务相关信息。

SEC 通过《证券法》《证券交易法》《萨班斯——奥克斯利法案》制定普适性的地方政府债务信息披露标准，约束地方政府债券在发行、后续运行以及重大事项方面的信息披露内容（见表 6 - 1）。并以《15c2 - 12 规则》为范本制定地方政府债券信息披露的基本框架。具体而言，地方政府需按照政府会计准则（GAAP）编制政府部门的财务报表，如果地方政府有发行债务，则需要在财务报表中披露相关内容。同时，由于地方政府债券可以产生众多的金融衍生品，如果地方政府持有此类金融衍生品，地方政府同样需要披露其持有的衍生品利率、风险等相关内容。此外，由于养老基金的责任和其他退休后的福利对地方政府债券的正常运转有一定影响，《15c2 - 12 规则》也要求地方政府举债时披露养老基金的责任和其他退休后福利，对于不按照规则披露债券信息的市场参与者，以及试图免除披露主要财务报表及其他与投资者利益相关的信息，SEC 可对其进行调查。

表 6 - 1　　　　　美国地方政府债券发行及持续性信息披露框架

序号	信息披露内容
1	发行债券的基本介绍。包括发行方式、发行利率，筹资计划、赎回条款，还本付息方式等内容
2	发行人的基本介绍。包括行政级别、财务状况、税收收入及税收对债务的覆盖情况、人口状况等内容
3	地区债券相关法律规定
4	债券风险及持有者可能存在的风险
5	债券相关的规定。包括地区债务余额、债务还款计划、未来可能发生的债务等内容
6	持续性信息披露。包括年度财务报表、特殊事项披露等内容
7	债券评级、财务顾问及联系人等内容

在 SEC 制定的规则基础上，MSRB 同样制定了相应的地方政府债券披露内容，主要包括：债券经销商需披露其对政治活动捐款的情况以及对债券投票活动的卷则情况①，构建反洗钱合规流程规则，引入综合实时交易报价系统，确保 MSRB 能实时了解交易情况。同时，为了保障 SEC 制定的规则能得到贯彻实施，MSRB 建立了 MSIL 系统，通过该系统，地方政府能向公众统一披露债券相关的信息。

信用评级机构通过出具评级报告披露债券相关信息，对地方政府债券进行风险识别。在美国，有三家具有权威性的信用评级机构②，而地方政府债券的发行需取得三家权威评级机构中至少一家的信用评级报告。信用评级机构在出具地方政府债券评级报告中主要披露地方政府的财政收入状况及预算管理水平、债务余额及债务的流动性、地区经济发展水平及经济发展环境。

三、美国地方政府债务运行的主要成效

美国地方政府债务运行机制在实践发展中不断完善，尤其是 20 世纪 80 年代以来，SEC 对地方政府债务进行实质监督，推动美国地方政府债务运行机制改革取得了前所未有的进展。

---

① 张亚秋. 美国市政债券监管体系及其对我国地方政府资助发债监管的启示 [J]. 金融监管研究，2014（6）：71 - 83.

② 三家评级机构具体包括穆迪、标普及惠誉。

（1）构建良好的联邦政府和地方政府的伙伴关系。通过完善的法律体系明确划分联邦政府和地方政府之间的权责关系，将债务运行责任层层分解，使得联邦政府和地方政府以及各联邦政府机构之间建立平等的契约关系，改变了传统的垂直式权力结构，推动着传统的政府间组织关系向新型伙伴关系转变。

（2）保证尽可能多的市场参与者尽可能加入债券管理。在地方政府债务举债规范性上，除了联邦政府与地方政府之间的谈判协商，还可以依靠市场规则对其进行规范，债券的发行在公开市场上由公民投票决定是否具有发行权并由独立的第三方评级机构出具评级报告，倒逼地方政府规范举债流程。在债券定价上，引入风险评级公司、地方政府债券保险公司参与其中，打破地方政府对债券价格的垄断权，引导债券价格合理化。在债券监管方面，除财政纪律约束外，通过市场化交易手段，推动地方政府公开债务信息，披露债务运行状况，以此加强债务监管，防控债务风险。

（3）提高债务信息透明度。在债务信息公开规范性上，美国《政府会计、审计和财务报告》对政府债务报告的基本准备进行规定，地方政府需按要求公开债务相关信息，同时，为了提高地方债券信息披露的质量和及时性，SEC规定公开发行的地方政府债券要公布地方政府的责任与义务。在债务公开实施中，美国联邦政府和地方政府之间建立了电子信息共享平台，从而以更快捷和更低成本的方式分享政务信息，同时，建立和发展电子化政府，便于公民快速地获得所需信息，并在公共平台上公开政府信息，更大程度上赋予公民知情权和监督权。

第二节　日本地方政府债务运行机制模式

日本在国家结构形式上采取单一制，为了防范因政府债务带来的风险，日本自 20 世纪中期开始发行地方债券以来十分注重债务风险问题，逐步形成了一套独特的债务运行机制，这套注重行政审批制度的债务机制在减轻债务融资风险的同时确保了地方政府能顺利融资，并最大限度地减少了财政风险。

一、日本地方政府债务运行机制发展历程

21 世纪前夕，日本深受经济萧条、居民失业的影响，各地方政府出现了

税收收入减少、借债规模增加的情况，债务率远远超过了国际通用的 60% 的警戒线。为了改变地方债务危机、财政赤字的局面，日本各级政府开始实施财政管理体制的改革，并指出应建立新的财政目标，从而提升政府债务运行效率，减轻债务风险。改革可以分为两个阶段，分别是政府内部调整阶段和外部约束阶段。

（一）内部调整阶段

日本债务运行机制的改革自 1947 年开始进入内部调整阶段，在债务管理流程中实施严格的审批机制。日本政府在 1947 年颁布了《地方自治法实施令》（以下简称《实施令》），加强了债务管理的审批：都道府县地方债发行需经过日本自治大臣（对应现在的总务大臣）批准；市町村地方债发行则需得到都道府县知事批准。《实施令》中对地方政府发债的审批机制加以明确规定，指出低层级政府发债需经过高层级政府管理部门认可，这种制度即"发债许可制度"。《实施令》的发布对地方债务和隐形担保增加了制度上的约束，在《实施令》正式实施后，地方政府在发行债务时需要报高一级政府进行审批。具体来看：地方政府需要发行债务时，先根据债务用途编制相应的债务发行计划，计划中应包括资金所用项目、资金具体来源、债务发行额度等信息，再将债务发行计划上报至自治省，自治省汇总各地方政府债务发行计划后报至中央，中央进行统一的批复。为减轻债务发行风险，在中央批复过程中会根据相应判断指标来限制地方债务发行，如对于债务规模较大的地方债务发行计划，中央可以使用债务依存度①等指标加以限制，同时，通过其他判断指标来诊断地方财政运行中存在的问题和国营企业财务健康度，从而及时发现地方债务运行中的问题，避免地方隐性债务负担的加重。

该阶段，中央是地方政府的债券承购人，资金来源主要是中央专门的拨付资金。总体来看，这一时期地方政府在债务发行时，需要向高层级政府递交债务发行申请，并通过不同层级政府的审批和同意，不同层级的政府在债务运行过程中承担的职责较为明确，各级政府在债务运行中互相约束和牵制。

---

① 债务依存度 = 地方债券发行额/地方财政收入。

（二）引进外部约束阶段

2006年起，日本政府开始引进债务的外部约束机制。在2006年以前，日本地方债务实施严格的行政审批，并通过这种制度约束了地方政府的债务规模，同时提升了地方政府债务使用效率。但严格的审批制度并非没有弊端，中央政府作为地方债务发行的承购人，对地方债务发行行为进行严格约束，造成了地方财政积极性下降，同时，不同层级的政府间存在着信息差异，造成了债务信息的不对称，并带来了地方政府的逆向选择，如一些地方政府为了避免隐性债务现象的出现虚构预决算相关信息。

2006年，日本正式颁布《分权改革促进法》，该法主要是在保障政府债务内部监督的同时强化"三位一体"的改革，目的在于提高地方财政积极性，使地方财政与中央财政更加独立。2007年颁布的《地方公共团体财政健全化法案》正式引入了地方债务运行的外部约束制度，从提高举债公开度、强化地方政府债务规模自我约束等方面优化地方债务管理状况。地方债务运行约束制度可以分为以下两方面：首先是强化了地方的债务透明度。依托于2008年的政府会计制度改革，日本各级政府在核算时开始实施权责发生制原则，与原本的收付实现制不同，新的会计核算原则开始在预算中纳入或有与隐性债务，这种会计核算制度在提升预算管理科学性的同时加强了相关信息的社会公开性。与此同时，通过督促各级政府编制《地方政府财政白皮书》强化了财政和债务指标及相关数据的公开与披露情况。其次，加强了对地方债务运行的监管。优化了现有的债务预警相关指标体系，纳入了国营企业及其他部门资金缺乏率等指标，使原本的债务预警指标体系更加完善和科学。

该阶段通过引入外部约束机制，地方债务运行机制更加优化，通过内部和外部的双重约束使日本地方债务运行风险得到了有效的控制。

二、日本地方政府债务运行的主要内容

日本通过对地方财政体制和债务运行制度的不断改革，达到了两方面的目的：一是广开地方财源，使地方政府有充足的财政资金实施基础设施建设和保障人民生活；二是有效控制地方债务风险，通过法律规定、严格的制度约束和机构监督等手段，科学管理地方债务，规避债务风险。日本地方政府债务运行

内容可以总结为以下三方面。

（一）严格债务计划管理

日本地方政府发债受到严格的管理，在实际举债过程中，地方政府债务发行计划需要通过多重指标的限制，如偿债率、财政赤字率等指标，若地方政府不能通过这些指标的检测，则只有获得高层级政府相关管理部门的批准和同意后才可开始发债。在债务发行具体流程中，地方政府先提出相应的债务发行计划，同时债务发行计划中应包含举债额度、具体用途等项目，并由日本总务省统一审查，审查内容主要是收集全国各地方政府债务发行计划，并根据《地方政府债务计划》来确定每年向地方下放的债务额度，避免地方政府过度举债问题的发生，同时，根据地区经济实力、资金需求关系等要素调节地区债务发行计划、优化债务资金分配，避免全部流向经济实力强的地区。日本实施的这种编制债务计划与地方审批制度，既可以最大限度地避免地方债务风险，也可以合理分配不同地区的债务资金流向。

（二）债务项目风险预警

吸取 2006 年夕张市财政破产事件的教训，日本开始实施债务项目风险预警机制。日本最高法《宪法》指出，日本的地方政府必须对未偿付的债务进行偿付，即地方政府破产是不被法律允许的。为强化债务项目的风险预警，日本自 2007 年开始颁布了相应法案：2007 年日本发布了《地方公共团体财政健全化法》，旨在避免地方政府陷入债务危机中，根据表 6-2 我们可以发现该法案构筑了一整套地方财政运行情况监控指标体系。2009 年日本政府引入"财政健全化制度"，该制度强调若地方财政稳健性不符合应有的稳健化标准时需要引入外部监察制度；如果不仅不符合该指标，还不符合相关财政重构指标时，地方债务额度则会被限制在一定的金额内。通过双重指标的检测和限制，能够尽快地发现地方财政中存在的问题，并根据问题的特征采取相应的措施。与此同时，外部监管也被加强，地方需按期向高层级政府、议会汇报债务发行情况和项目建设情况，并及时向社会公开，并根据高层级政府、公众等提出的建议完善债务发行过程，强化债务约束。

表6－2　　　　　　　　　　日本地方财政风险预警指标　　　　　　　　　单位：%

预警标准	行政单位	早期健全化标准	财政重构标准
实际赤字率	都道府县	3.75	5
	市町村	11.25~15	20
综合赤字率	都道府县	8.75	15
	市町村	16.25~20	30
实际公债偿还率	都道府县、市町村	25	35
未来负担比率	都道府县、政令市	400	—
	市町村	350	—
公营企业亏损率	都道府县、市町村	20	

资料来源：2013年日本地方财政白皮书。

（三）债务绩效审计

日本债务绩效审计的审计方主要是国家会计检察院和地方监察委员会。国家会计检察院属于国家审计的最高层级部门，独立于政府、内阁等部门；地方监察委员会则负责具体监察活动，如监察地方财政预算执行并以此发布报告，并进一步交付国会或其他部门审议。地方监察委员会在审计地方债务运行情况时，通常以一定的评价体系来评价，遵循经济效率等原则评价地方债务投入产出效率。与此同时，日本政府颁布了《关于行政机关持有信息公开的法律》，要求地方政府公开债务发行等相关信息。信息公开主要在日本总务省和各地方政府网站，社会公众可以通过这些网站获取详细的地方债信息，从而强化债务监督机制，使政府债务发行能够接受社会监督。

三、日本地方政府债务运行的主要成效

二战后，日本地方债务运行取得了明显的成效，具体来看，主要是在实施完善的法律、制度的同时，强化中央政府的监管。而分权化改革的同时，地方债务管理的自主性也在提高，开始在地方债务运行中引入更多的市场机制，避免中央政府的直接干预。具体成效包括以下方面。

（1）地方债务运行相关法律体系更加完善。为改善20世纪50年代的地方财政恶化的情况，日本颁布了一系列法律法规，保障各地方政府从债务发行到项目验收等阶段都有相应的约束法律，并通过法律强化了各级政府在债务发行

中的支出责任，使地方政府在征管债务发行中有法可依。

（2）构建了债务风险预警和相关控制机制。债务风险预警机制的建立，大大减少了地方债务发行中的隐性债务风险，有助于识别地方政府在债务发行中的各类风险，避免引发地方财政危机。

（3）地方绩效审议机制得到加强，信息公开机制更加健全。日本通过对地方政府每年所编制的财政预决算等各项报告进行审议和绩效评价，促进地方政府提高债务资金使用效率，同时通过各政府网站公开地方债务各项信息，引入社会监督机制，激发公众参与监督的积极性，使地方债务更加透明化。

第三节　国外政府债务运行机制的经验启示

通过分析美国和日本为代表的发达国家的经验，可以看出发达国家在地方债务运行机制建立的过程中取得了一定的成果，并形成了相应的理论体系。相比发达国家，我国在地方债务运行机制上仍不完善，仍存在许多问题，我们可以从发达国家的经验中获得有益的启示。

一、建立健全政府债务运行的法律法规

从发达国家地方政府债务运行机制可知，通过立法的形式建立中央宏观指导与地方微观执行相结合的监管框架，并在后续管理过程中陆续出台配套法规及操作指南，以保证债务管理法律条例能够贯彻落实，不仅明确了不同层级政府的债务监督职责，避免了出现因法律规范缺失导致政府之间权责划分不明的现象，而且能够有效防范地方政府债务风险，稳定经济增长。

我国2014年新修订的《预算法》给予地方政府一定范围内的举债权，但目前地方政府债务监督管理仍处于起步阶段，与合法举债相配套的监管措施仅停留在国务院颁发的行政规章制度层面，缺乏一套行之有效的法律法规来保证地方政府对债务进行监督管理。因此，应提升地方政府债务监督管理的法律层级，出台地方政府债务监督相关的法律制度，使地方政府债务监督有法可依、有章可循，保证债务监督常态化。

二、创新地方政府债务融资方式

地方政府债务运行机制中，最重要的是融资方式的确定，不同的融资方式决定了地方政府债务负担和偿债成本。从美国和日本的实践经验来看，在地方政府基础设施建设中引入社会资本，发展公共项目投资基金、金融租赁，以及基础设施收费证券化等措施，可以拓宽融资方式的选择范围，丰富地方政府债务融资渠道，减轻地方政府偿债压力。

从我国基础设施建设投资实践来看，我国已经使用了 BOT 和 PPP 等方式吸引民间资本参与基础设施项目，但由于法律法规的不完善，此类融资方式仅留存于形式，实质仍是地方政府财政资金在主导基础设施投资。为了规范地方政府融资方式，2014 年《预算法》赋予了地方政府一定范围内的举债权，然而，我国债券市场尤其是地方政府债券市场发展还不够完善，地方债券的期限与基础设施项目建设周期匹配度不够，导致地方政府债务负担存在波动性。因此，需进一步完善地方政府债券市场规则，适时推出债券保险制度，建立规范的公共资金与民间资本的配合机制，提高投资者投资地方政府债券的热情，降低地方政府投资压力。

三、强化信息披露制度

纵观美国和日本的地方政府债务监管情况，发现地方政府债务信息透明化在债务监督过程中发挥着重要作用。两国地方政府在发行债券之前，需由信用评级机构对其已有债务存量、债务运行状况及财政收入等情况出具评级报告，并对外公开。同时，为保证债务信息披露的统一性及集中性，两国均设立了专门的机构，构建债务信息披露系统，保证在债务存续期内能定期公开债务支出进度及还本付息情况。债务信息披露制度能够保证投资者掌握地方政府债务状况，发挥公众对债务的监督作用。

现阶段我国正处于地方政府债务公开化的过程之中，这对于完善债务监督机制具有重要意义。事实上，为推动我国地方政府债券健康发展，财政部出台了《地方政府债券信用评级管理暂行办法》，要求债券发行之前需由评级机构出具评级报告，但受限于评级机构独立性较弱的特征，评级报告的参考价值有限。同时，为推动信息公开口径的一致性，我国于 2019 年底构建了地方政府债务信息公开平台，但目前债券信息公开力度有限，导致公众无法全面了解债务信息。因此，在信息披露制度上，我国应进一步推动债券信息公开力度，并强化评级机构的独立性。

四、推动地方政府债务监督和风险预警相结合

监督地方政府债务管理的有效手段是将风险预警纳入监督日常工作之中，促进监督和风险预警有机结合。美国和日本根据各自的实际情况，建立了本国事前、事中、事后的债务风险预警机制。具体而言，在债务发行阶段，通过规模管理和限额管理以及包括财政赤字、偿债比率、担保上限在内的量化指标等措施对债务总量进行管控，如日本对债务余额占 GDP 的比重有一定要求，超过标准的地方政府不得举债；在债务使用阶段，通过建立系统的债务预警指标、引入信用评级、建立债务约束机制等措施及时监督债务运行状况，为政府应对债务风险提供参考。同时，在地方政府无力偿还债务时引入破产机制，倒逼地方政府合理使用债务。

我国为防范地方政府债务风险，国务院办公厅于 2016 年印发了《地方政府性债务风险应急处置预案的通知》，划分了债务风险等级，及时预测地方政府债务风险。但在具体实施过程中，并未形成系统的风险评价指标，财政部仅依靠债务率、负债率、偿债率等指标对各地政府债务进行评估，与美、日相比，我国的风险预警指标较为粗糙，导致预警作用有限。因此，我国亟须构建一套符合我国国情的地方政府债务风险预警指标体系。在指标设计时，宏观上应建立不同层级的政府债务指标，微观上应针对债务支出的项目设计相应的指标，使各地方政府债务监督结果可量化。

第七章

优化我国地方政府债务运行机制的政策建议

随着地方政府债务进入预算管理时代，推进债务治理工作，要实行问题导向，在政策目标上要有所聚焦，在政策实施上要构建长效管理机制，提高管理水平和管理能力。具体来说，要通过完善发行制度设计，优化债务发行结构；构建规范的债务运行机制，推动债务良性运转；搭建常态化监督平台，提高债务监管效益；寻求多样化的债务偿还方式，降低地方债务成本等方式解决债务预算管理全过程中面临的现实难题。

第一节　优化债务发行结构

健全的债务发行制度，是优化债务发行结构的前提。因此，应从债务预算管理源头优化债务限额管理、完善专项债发行机制以及推进债务置换进度，促进债务发行规则逐步完善。

一、健全地方政府债务法律制度体系

党的十八大以来，地方财政部门积极贯彻落实预算法，为防范和化解地方政府债务风险，我国陆续出台了一系列政策和规定，重塑规范的地方政府举债融资机制，强化限额管理和预算管理，定期开展债务风险评估和预警，建立债务风险应急处置机制，出台隐性债务问责办法，已初步构建起覆盖地方政府债务管理各环节的"闭环"管理体系。然而，我国尚未制定一部专门与政府债

务管理相关的法律来规范政府举债行为，导致地方政府债务相关活动无据可依。因此，在借鉴国外经验的基础上，出台属于我国的政府债务管理法，规范地方政府债务管理，明确中央与地方在债券管理上相应的权限，明确不同层级政府部门在地方政府债务管理上的职责，做到债务发行主体到位，债务偿还责任明确。同时，进一步完善《民法典》，除了强调国家机关不得作为担保人以外，还需对地方政府及其部门绕过法律限制变相担保融资的行为制定相应的处罚办法，规范地方官员的行为，维护法律的权威。

二、实施债务限额管理动态调整机制

债务限额管理动态调整机制是在综合考虑地方经济发展潜力、债务管理水平和债务管理效率的基础上，调整债务限额标准的方法。实施该方法，可保持债务限额管理与地区发展相适应，优化债务绩效管理水平。依据目前的债务限额管理办法，某些地区具备较强的经济发展潜能，但由于前期债务额度较小，加上新冠肺炎疫情和减税降费政策的冲击，这些地区经济总量、可用财力难以支撑产业跨越式发展需求，导致错失经济发展的机遇。故在现有的债务核定办法基础上，应增加地区经济发展潜力、重大项目支出、债券资金绩效管理、地方申请等考量因素，给予地方更多的合规举债空间，促进地区平衡发展。

在安排年度限额时，可预留部分债务限额支持国家重大战略项目，缓解有重大项目建设的地区限额不足的问题。同时，围绕"资金跟着项目走"的原则划分新增债务限额的"高、低、强、弱"标准，切实保障项目储备不同地区的额度需求。此外，除了实施不同地区地方政府债务限额与其偿债能力相匹配的政策以外[1]，还应注重地区债务管理绩效水平，实现不同地区政府债务限额与其债务管理效率水平相匹配，提高地区债务管理能力，促进债务资金高效使用。

三、完善专项债发行机制

近年来，专项债规模快速增长，有效发挥了投资拉动作用。但由于其发展

---

[1]　详见财政部《关于做好 2018 年地方政府债务管理工作的通知》（财预〔2018〕34 号）。

迅速，导致发行规则存在一些漏洞，影响了债券使用效益，降低了刺激经济的作用。为此，应从以下几方面完善专项债发行机制。

首先，加强债券项目遴选、申报、发行、使用、管理与偿还的全生命周期监管。根据国家专项债使用范围变化趋势，结合项目建设情况，适当扩大专项债使用范围，专项债资金在重点支持交通基础设施、农田水利、生态环保、冷链物流、产业园区等领域的基础上，加快5G网络、数据中心、人工智能、物联网等新型基础设施建设，考虑开创性、基础性产业的公益性质，放开负面清单限制。与此同时，提高债券发行与项目的匹配度，加快实现债券资金使用与项目管理、偿债责任相匹配，以及债券期限与项目期限相匹配。及时做好债券收入的归集，按时偿还债券本息。

其次，增加专项债券项目申报频率。为提高项目审核通过率，可聘请中介机构对上报的发行资料进行初审，对初审不合格的项目，退回单位修改完善，并将相关审核结果纳入政府债务督查范围。同时，针对项目申报周期比较短的问题，给予地方政府最少半年的预期，甚至要求地方政府提前一年的时间谋划专项债券投资的项目，从而保证市县有充足的时间挑选项目。加强对重大项目的融资论证和风险评估，提高项目预期收益、融资期限与还本付息的匹配度，编制合理的项目预期收益及融资平衡方案。基于专项债投资重点集中于民生基建领域的特点，其在限额及债券周期上应有别于其他债券，结合项目自身特点，对额度和发债周期进行灵活调整。在财政部统筹安排发行规模的基础上，允许地方政府在债务上限范围内调整专项债的发行规模。允许地方政府结合实际的收支状况增发周期较长的专项债券，甚至可以自行确定发债期限。

最后，放宽政府债券本息兑付时限。明确专项债项目实现的收益必须按项目对应科目缴入财政金库，纳入预算管理，统筹用于其他公益性建设项目，发挥财政资金使用效益。同时，专项债券项目实施单位应在本地商业银行开设独立于日常经管账户的专项债券专户，用于接收及支付专项债券资金，归集项目收入，偿还债券资金本息。财政部制定的《财政部代理发行2014年地方政府债券发行兑付办法》要求"地方财政部门应当不迟于还本付息日前5个工作日将债券还本付息资金缴入中央财政专户"，否则将计算罚息。地方政府债券实施自发自还之后，财政部印发的《地方政府债券发行管理办法》提出"由地方政府依法自行组织本地区地方政府债券还本付息工作"。从各地财政部门制定的实施办法来看，地方政府普遍遵循《财政部代理发行2014年地方政府债券发行兑付办法》文件精神，将还本付息期限定为还本付息日前5个工作日。在各地债务即将进入偿债高峰期之际，提前5个工作日还本付息将导致实际还本与收到再融资债券之间存在时间差，且个别月份还本规模甚至超过财政可支配收入。因此，财政部门难以兼顾提前还本与库款考核双重目标。省财政厅可统筹考虑债券到期日、还本日与发行再融资债券日三者匹配问题，争取在规定的还本期限之前发行再融资债券，缓解政府债务兑付压力。

第二节　构建完善的债务支出机制

完善的债务支出机制，能有效推动债务良性运转。目前来说，可通过建立定量和定性相结合的绩效考核制度、完善债务相关的税收法规和会计制度、优化项目库建设、规范债务资金使用管理等方式提高债务运行效率。

一、建立定量和定性相结合的绩效考核制度

绩效评价指标是整个预算评价体系的核心部分，能够准确体现预算绩效情况（马海涛等，2020）。财政部出台多项文件要求严格监控债务资金的使用和项目运行过程，然而目前并没有建立具体的共性绩效考核制度，导致地方政府在项目绩效考核时"各自为政"，绩效结果缺乏可比性和指导性。因此，为规范债券资金使用，在地方政府债务绩效评价过程中，应尽快建立定量和定性相结合的指标考核体系，健全项目全过程、全链条"闭环"管理的绩效管理体系。对项目开展事前绩效评估论证、事中绩效监控和事后绩效评价，做好绩效目标监控，重点关注债券资金配置效率、使用效益，强化绩效评价结果运用。在资金绩效管理方面，严格对照债券项目实施方案出台具体的操作办法，指导地方政府严格落实新增债券资金使用周报制，并组织项目主管部门开展绩效评价，强化债券资金使用情况、项目建设情况跟踪督办，切实提高债券资金使用效益。此外，还应允许地方政府根据地区特色制定适合本地区的债务绩效考核办法。

二、完善债务相关的税收法规和会计制度

在减税降费背景下，中央提出剥离融资平台公司政府融资职能，相应的资产和债务均转入地方政府账户，使得作为"征税人"的地方政府又成了"纳税人"，需为相应的投资行为缴纳税金，无形中增加了地方政府的支出压力。因此，在目前税收法规调整阶段，税务机关应综合考虑地方政府接管平台公司相应资产所承担的税收负担，给予这些资产一定的税收减免优惠，减轻地方政府债务负担。

我国 2019 年开始实施《政府会计准则制度》，建立了以权责发生制为基础的政府综合财务报表，但是并未建立政府的资产负债表，导致无法全面反映地方政府的资产和负债情况。故需加快推进全国和地方政府资产负债表的编制要求，促进资产管理、预算管理和债务管理有效结合，保证项目建设单位进行会计账务处理时有据可依。随着隐性债务逐渐显性化，可适当新增隐性债务和其他需要关注类债务明细表，对使用债券资金形成的国有资产日常运营、维护等活动进行追踪管理，确保主体责任落实到位。此外，需强化债务报表报送制度，动态监测各地政府债务余额、限额空间、隐性债务变动等重要数据信息，做好风险分析和预判工作。

三、优化项目库建设，规范债务资金使用管理

目前在具体债务运行过程中，影响债务资金使用效率的主要原因在于项目建设前期准备质量不高以及资金拨付和项目进度节奏不一致。因此，应着重从以下两方面规范债务资金使用管理。

一是推进政府债券项目库建设。财政部门应科学评估项目收益，会同主管部门严把项目审核关，杜绝没有明确预算资金来源或通过违规举债获得资金的项目开工建设。实行分项目督办制度，在对重大政府投资项目进行充分论证的基础上，跟踪督办项目进度，及时掌握债券资金使用情况。建立动态共享的项目交换机制以及统一的债券项目识别机制和项目库登记要素标准，保证项目编码的唯一性和时效性，提高项目入库审核率，切实提高项目质量。

二是规范资金拨付程序。建立债券使用情况与下年申报额度挂钩机制，推

动项目主管部门及项目单位在依法合规、确保工程质量的前提下，加快项目资金支出进度，及时使用债券资金，形成实物工作量和实际支出，对于长期沉淀的债券资金予以收回，重新分配转贷，并建立通报机制，确保债券资金发挥效益。同时，适当增加项目入库时间的次数，避免当年急需发行的项目错过入库时间的现象发生。

第三节　寻求多样的债务偿还方式

灵活的债务偿还方式，有利于降低地方债务成本，优化债务资金循环。因此，需拓宽偿债资金来源渠道，建立灵活的偿债期限，积极探索隐性债务化解。

一、拓宽偿债资金来源渠道

中央对地方政府债务实施不救助的原则[①]以及禁止地方政府不得新设各种形式的偿债准备金的规定[②]，收窄了地方偿债来源途径，加大了地方政府债务兑付压力。因此，为有效应对地方债务可能出现逾期风险，各级政府应拓宽偿债资金来源，提高财政抗风险能力。

一是构建完善的地方税收体系。2019 年国务院印发《实施更大规模减税降费后调整中央与地方收入划分改革推进方案》，该方案把消费税征收环节后移至批发或零售环节，一定程度上拓宽了地方政府收入渠道，增加了地方政府收入来源。但由于地方财政支出责任较重，地方财政自主性收入仍然入不敷出，需进一步深化中央和地方税收划分体系改革，拓展新的地方税种，完善地方税收体系，保证地方财政收入的稳定性，从源头遏制新增隐性债务的产生。二是通过加强征管手段、完善税收共治工作体系等方式实现挖潜增收，加强地方综合财力建设。三是利用中央政府通过发行抗疫特别国债筹措资金契机，以转移支付的形式使资金向建设资金需求大的地区以及贫困地区倾斜，弥补这些地区地方政府收支缺口，防止收支缺口放大带来次生影响。同时，加快土地统

---

① 详见《国务院关于加强地方政府性债务管理的意见》（国发〔2014〕43 号）。
② 详见《国务院办公厅关于进一步做好盘活财政存量资金工作的通知》（国发办〔2014〕70 号）。

筹与出让，壮大政府性基金收入规模，弥补刚性支出资金缺口及债务化解资金需求，缓解财政运行压力。

二、建立灵活的偿债期限结构

按照相关规定，目前地方政府债务尚不能提前还款，导致某些建设进度较快、收益实现较好、资金平衡年度提前的项目，由于不能提前偿还贷款，偿债资金闲置国库存在占用或挪用风险。

一是尽快出台相关的债务偿还条例。在征求市、县级政府意见的基础上，跟踪不同项目资金回流情况，结合地区财力和项目收益能力，合理调整政府债务偿还方式。在现有的政府专项债券偿还方式为到期一次性还本的基础上，允许地方政府选择分期偿还专项债券本金的方式，即结合专项债券项目收益完成情况，逐年安排资金偿还专项债券本息，确保项目收益用于偿债，有效平滑债券存续期内偿债压力。二是针对"被提前还款"的隐性债务，取消化债时间的政策约束。根据债务单位实际偿债能力，允许此类债务按照原协议来履行偿还责任，提高债券期限与项目期限的匹配度。三是在发行新增债券时，可参照东部省份的做法，发行 M + N 年期债券，债券按照 M + N 年之和年份国债收益率作为基准利率。在制作 M + N 年期债券实施方案时，邀请债券承购方参与方案讨论，保证项目单位灵活采用展期或按基期偿还，减轻财务融资成本和还本付息压力。

三、积极探索隐性债务化解方式

由于隐性债务大多投资于无收益的公益性项目，无法进行处置变现。通过债券置换化解隐性债务的方式实质是"以时间换空间"，地方政府债务总额未变、偿债压力依然存在。因此，仍需从隐性债务本身寻求化解之道。

一是建立顺畅的隐性债务政策传导机制。现在许多隐性债务文件为密级文件，其中部分文件明确仅传达至县级，受密件传达范围限制，很多基层财政部门工作人员无法学习和领会文件精神，对隐性债务相关口径把握不准。而且债券发行工作政策变化较快，工作中涉及的债务系统较多，建议建立自上而下更加畅通的隐性债务政策传导机制，扩大隐性债务文件传阅范围，加大隐性债务相关政策和重点案例的分析、解读。同时，围绕政府债券发行使用管理、地方政府债务风险防范化解、债务相关系统操作等工作进行专题培训，进一步提高地方政府债务管理人员政策理论水平和业务能力。

二是推进平台公司市场化转型。坚持政策引领，修改完善平台公司融资管理办法，划定平台公司融资"红线"，建立和完善中国特色现代国有企业制度，规范董事会建设，不断完善企业法人治理结构。加强企业内控体系和内控制度建设，提升企业依法经营水平。坚持市场化运作，明确平台公司市场主体地位，抓住市场有利时机，对承担政府融资和公益性项目建设、运营职能的融资平台公司通过兼并重组等方式整合归并同类业务，转型为基础设施、公用事业、城市运营等领域市场化运作的国有企业，政府以出资额为限对其承担有限责任。同时，支持和引导平台公司盘活存量资产（资源），引入社会资本合作，加大对地方主导产业投资力度，培植新的经济增长点，增强自身造血功能，实现健康可持续发展。此外，加大经营性资产划转力度，完善土地相关手续，盘活土地等资产资源，制定国有资本经营预算收入作为资本金投入的政策，并通过授予特许经营权、债务置换等方式，做大做强平台公司资产规模，提升信用等级和抗风险能力。

三是优化偿债方式。基于置换债化解隐性债务"以时间换空间"的本质，表明置换债并非长久之计。因此，寻求灵活的债务偿还方式是化解隐性债务风险的必要举措。短期来看，加强与金融机构联防联控，发挥防范化解政府债务风险攻坚战指挥部的统筹调度作用，定期召开工作调度会议，加强与各金融机构信息交流、共享，前移隐性债务风险防控关口，为隐性债务期限错配提供相应的流动性支持，逐步推出隐性债务提前偿还机制。长期来看，逐渐将已摸清底数的隐性债务纳入一般预算管理，通过财政预算资金和地方政府一般债券予以偿还，保障各项目的顺利进行，以及到期债券的及时偿还。

第四节　搭建常态化监督平台

政府债务风险领域政治监督常态化，是预算管理时代提高我国债务监管效益的核心和关键。因此，应建立系统且独立的第三方债务监督机构，促进债务横向和纵向监督体系共生，强化监察队伍专业化建设，使债务监督成为提高地方政府债务管理效率的增长空间。

一、建立系统且独立的第三方债务监督机构

建立系统且独立的第三方债务监督机构，是构建债务监督体系标准化建设的突破口。我国目前的债务监督机构是由财政部成立财政监察专员办事处组成的，各地办事处均不同程度地发现了地方政府债务运行过程中的问题，促进了地方政府债务管理效率的提高。然而，监察专员是由财政内部人员组成的，这就造成了财政部门内部既是"裁判员"又是"运动员"的状况，导致财政部门向社会披露地方政府债务信息时具有选择性，这也是目前社会公众无法全面了解地方政府隐性债务规模及其风险的原因之一。为此，应成立独立且不受财政部门约束的第三方债务监督机构，对地方政府债务管理进行日常监督和定期监督，确保地方政府债务正常运转。同时，实行全口径债务统计报告制度，对政府资产负债、债务还本付息以及本财政经济运行、债务率、偿债率、综合债务率等指标进行监测，确保全面掌握地方政府债务的规模和风险状况，及时分析评估政府债务风险状况，出具相应的财务审计报告，客观公正地向社会公众披露地方政府债务相关信息。

二、构建债务横向和纵向监督共生体系

随着地方债规模不断膨胀，债务项目逐渐增加，寻求地方债务监督长效机制成为提高地方债务预算管理水平的重要保障。因此，需构建债务横向和纵向监督共生体系。横向监督方面，一是建立财政、发改、审计、国资、住建、金融监管等部门联合防控协调机制，形成全过程、穿透式地方政府债务监管机制，在项目立项决策、债务举借、单位使用、债务偿还等方面，形成多部门协同监管的工作机制。同时，还需建立内部激励机制，健全问责与奖惩机制，实施项目事后监督（马海涛等，2020）；二是将政府债务管理穿透到县级政府、项目管理部门和单位，建立政府债务信息公开制度，发挥社会公众对地方政府举债融资的监督作用。纵向监督方面，中央、省（市）及县等财政部门，不仅要发挥自上而下的监管作用，而且应该强化自下而上监督，层层反馈，防止

权力滥用造成债务资金挪用和截留现象。此外，还应建立政府债务管理系统和监测平台，动态统计地方政府债务信息，开展风险预警、风险评估及风险分类，做好地方政府债务风险化解工作。

三、提高监察队伍专业化水平

监察队伍作为监督地方政府债务管理的主体，其专业化程度直接关系着债务监督结果的质量。因此，在中央出台大量地方政府债务管理政策的背景下，首先，需要建立监察队伍的准入机制，组织监察专员进行专业的政策培训，加强其相关政策解读的能力，提高监察人员政策理论水平和业务能力。其次，债券发行工作政策变化较快，监督暂行办法规定监察专员监督内容较多①，考虑监察队伍的工作经历和年龄结构等因素，需完善监察机构设置，加强人员配备，促进监察人员结构合理，监察工作相互搭配。最后，监察队伍的监督工作和监督效果是建立在地方政府债务管理能力之上的，故需要上级部门出台项目存续期建设运营、资金管理的全流程的操作指引，围绕政府债券发行使用管理、地方政府债务风险防范化解、债务相关系统操作等工作开展多层次多形式的培训指导，提高经办人员的业务能力，提升市县级政府债务管理能力，以更好地配合财政部监察专员的监督工作。

---

① 监督内容包括：地方政府债务限额管理、预算管理、风险预警、应急处置，以及地方政府和融资平台公司融资行为。详见《财政部驻各地财政监察专员办事处实施地方政府债务监督暂行办法》（财预〔2016〕175 号）。

参 考 文 献

［1］巴曙松，李羽翔，张搏．地方政府债券发行定价影响因素研究——基于银政关系的视角［J］．国际金融研究，2019（7）：76－86.

［2］［美］保罗·萨缪尔森，［美］威廉·诺德豪斯．经济学［M］．北京：商务印书馆，2014.

［3］蔡宁，刘勇．中国省级地方政府债务规模预测——基于全口径财政收支框架的研究［J］．金融论坛，2017，22（2）：25－34，45.

［4］蔡伟，滕明荣．论我国地方政府绩效管理的法制障碍及合理构建［J］．宁夏社会科学，2010（6）：18－21.

［5］曾忠生．论地方政府的债务风险［J］．财政研究，2001（6）：70－72.

［6］陈共．财政学（第七版）［M］．北京：中国人民大学出版社，2012.

［7］陈光焱．中国财政通史（第十卷）中华人民共和国财政史（下）［M］．长沙：湖南人民出版社，2013.

［8］陈业华，邓君．地方政府融资债务绩效的评价［J］．统计与决策，2015（10）：54－57.

［9］陈志勇，陈思霞．制度环境、地方政府投资冲动与财政预算软约束［J］．经济研究，2014（3）：76－87.

［10］陈志勇，庄佳强．地方政府债务管理与风险防范研究［M］．北京：经济科学出版社，2017.

［11］程园园，田发．地方政府债务预算透明度评估——基于广东、江苏、河南三省比较［J］．地方财政研究，2018（2）：43－49.

［12］崔运政．财政分权与完善地方政府财政体制研究［M］．北京：中国社会科学出版社，2012．

［13］［英］大卫·李嘉图．政治经济学及赋税原理［M］．北京：商务出版社，1976．

［14］［美］道格拉斯·诺斯．理解经济变迁过程［M］．北京：中国人民大学出版社，2014．

［15］邓宏祥．地方公共债务纳入财政预算管理的思考［J］．四川财政，2002（3）：19－20．

［16］邸晶鑫．防范地方政府隐性债务风险的途径［J］．贵州社会科学，2011（5）：39－43．

［17］刁伟涛．"十三五"时期我国地方政府债务风险评估：负债总量与期限结构［J］．中央财经大学学报，2016（3）：12－21．

［18］刁伟涛．国有资产与我国地方政府债务风险测度——基于未定权益分析方法［J］．财贸研究，2016，27（3）：99－105．

［19］刁伟涛．经济增长视角下我国地方政府债务的适度规模研究——基于省际数据的分析［J］．经济问题，2016（3）：50－54．

［20］刁伟涛．我国地方政府债务分类纳入预算管理的初始状况分析：2014－2015［J］．财政研究，2016（8）：28－39．

［21］樊丽明，黄春蕾，李齐云．中国地方政府债务管理研究［M］．北京：经济科学出版社，2006．

［22］［美］费雪．州和地方财政学［M］．吴俊培，等译．北京：中国人民大学出版社，2000．

［23］封北麟．地方政府隐性债务问题分析及对策研究［J］．财政科学，2018（5）：55－62．

［24］冯兴元，李晓兰．论城市政府负债与市政债券的规则秩序框架［J］．管理世界，2005（3）：29－42．

［25］伏润民，缪小林，高跃光．地方政府债务风险对金融系统空间外溢效应［J］．财贸经济，2017，38（9）：31－47．

［26］伏润民，缪小林．地方政府债务权责时空分离：理论与现实——兼

论防范我国地方政府债务风险的瓶颈与出路［J］.经济学动态，2014（12）：72－78.

［27］付传明.中国地方公债发展研究［M］.武汉：武汉大学出版社，2016.

［28］傅笑文，傅允生.地方政府债务扩张机制与债务风险研究［J］.财经论丛，2018（10）：29－34.

［29］高培勇，宋永明.公共债务管理［M］.北京：经济科学出版社，2004.

［30］高培勇.筑牢国家治理的财政基础和财政支柱［N］.光明日报，2013－11－15（011）.

［31］高旭东，刘勇.中国地方政府融资平台研究［M］.北京：科学出版社，2013.

［32］龚强，王俊，贾坤.财政分权视角下的地方政府债务研究：一个综述［J］.经济研究，2011，46（7）：144－156.

［33］郭琳，陈春光.论我国地方政府债务风险的四大成因［J］.山东大学学报（人文社会科学版），2002（1）：121－126.

［34］郭月梅，胡智煜.中国地方政府性债务支出效率评估［J］.经济管理，2016，38（1）：10－19.

［35］［美］哈维·S.罗森，［美］特德·盖亚.财政学（第十版）［M］.北京：中国人民大学出版社，2018.

［36］韩增华.刍议分税制改革与中国地方政府债务风险之关系［J］.现代财经，2011，31（4）：23－29.

［37］［美］汉密尔顿，［美］杰伊，［美］麦迪逊.联邦党人文集［M］.程逢如，等译.北京：商务印书馆，1980.

［38］［美］亨廷顿.变动社会中的政治秩序［M］.张岱云，等译.上海：上海译文出版社，1998.

［39］洪源，秦玉奇，王群群.地方政府债务规模绩效评估、影响机制及优化治理研究［J］.中国软科学，2015（11）：161－175.

［40］洪源，秦玉奇，杨司健.地方政府性债务使用效率测评与空间外溢

效应——基于三阶段 DEA 模型和空间计量的研究 [J]. 中国软科学 2014 (10)：182 - 194.

[41] 洪源，张玉灶，王群群. 财政压力、转移支付与地方政府债务风险——基于央地财政关系的视角 [J]. 中国软科学，2018 (9)：173 - 184.

[42] 呼显岗. 地方政府债务风险的特点、成因和对策 [J]. 财政研究，2004 (8)：42 - 45.

[43] 黄春元，毛捷. 财政状况与地方债务规模——基于转移支付视角的新发现 [J]. 财贸经济，2015 (6)：18 - 31.

[44] [英] 托马斯·霍布斯. 利维坦 [M]. 黎思复，黎廷弼，译. 北京：商务印书馆，1986.

[45] 吉富星. 地方政府隐性债务的实质、规模与风险研究 [J]. 财政研究，2018 (11)：62 - 70.

[46] 冀云阳，付文林，束磊. 地区竞争、支出责任下移与地方政府债务扩张 [J]. 金融研究，2019 (1)：128 - 147.

[47] 贾建学. 地方政府债务预算编制研究 [J]. 预算管理与会计，2008 (3)：53 - 56.

[48] 贾康，张鹏，程瑜. 60 年来中国财政发展历程与若干重要节点 [J]. 改革，2009 (10)：17 - 34.

[49] 贾康. 我国地方债务成因与化解对策研究 [J]. 债券，2013 (9)：8 - 17.

[50] 姜宏青，王硕. 我国地方政府债务管理制度实证研究 [J]. 华东经济管理，2012，26 (10)：94 - 98，127.

[51] 姜子叶，胡育蓉. 财政分权、预算软约束与地方政府债务 [J]. 金融研究，2016 (2)：198 - 206.

[52] 金荣学，胡智煜. 基于 DEA 方法的地方政府债务支出效率研究 [J]. 华中师范大学学报（人文社会科学版），2015 (4)：45 - 55.

[53] 金荣学，毛琼枝. 基于主成分与数据包络组合法的地方政府债务绩效评价 [J]. 华中师范大学学报（人文社会科学版），2017，56 (3)：55 - 61.

［54］金荣学，宋菲菲，周春英．从分税制视角看地方政府性债务治理［J］．税务研究，2014（1）：31－34．

［55］金荣学，徐文芸．地方政府隐性债务特征、成因及治理［J］．中国财政，2020（11）：64－66．

［56］金荣学，徐文芸．中国地方政府债务支出效率研究——基于 CRITIC 赋权和产出滞后效应分析［J］．华中师范大学学报（人文社会科学版），2020，59（1）：54－61．

［57］［英］凯恩斯．就业、利息和货币通论［M］．北京：商务印书馆，1988．

［58］考燕鸣，王淑梅，马静婷．地方政府债务绩效考核指标体系构建及评价模型研究［J］．当代财经，2009（7）：34－38．

［59］李丹，庞晓波，方红生．财政空间与中国政府债务可持续性［J］．金融研究，2017（10）：1－17．

［60］李建强，张淑翠．地方政府债务治理工程与可持续评估［M］．北京：经济科学出版社，2018．

［61］李静．地方政府性债务支出效率的实证分析［J］．统计与决策，2017（17）：164－167．

［62］李丽珍．地方政府隐性债务：边界、分类估算及治理路径［J］．当代财经，2019（3）：37－47．

［63］李尚蒲，郑仲晖，罗必良．资源基础、预算软约束与地方政府债务［J］．当代财经，2015（10）：28－38．

［64］李升，杨武，凌波澜．基础设施投融资是否增加地方政府债务风险？［J］．经济社会体制比较，2018（6）：67－76．

［65］李升．地方政府投融资方式的选择与地方政府债务风险［J］．中央财经大学学报，2019（2）：3－12．

［66］李思，欧阳煌，谢珊珊．新供给经济下的地方政府性债务效率研究——基于 DEA 三阶段和空间外溢效应模型［J］．财经理论与实践，2016，37（3）：47－55．

［67］李雪，李孟刚．地方政府债及其信用评级研究［M］．北京：经济科

学出版社，2017.

[68] 李永友，马孝红．地方政府举债行为特征甄别——基于偿债能力的研究 [J]．财政研究，2018（1）：65 - 77，100.

[69] 李贞，张文静，张宏洋．我国地方政府性债务的预算管理研究 [J]．地方财政研究，2017（8）：66 - 72.

[70] 梁丽萍，李新光．我国地方政府债务风险测度研究——基于资产负债表的视角 [J]．宏观经济研究，2016（12）：102 - 111.

[71] 廖家勤，宁扬．防范地方政府债务风险的预算平衡机制创新研究 [J]．当代财经，2014（9）：28 - 35.

[72] 林喆．权力腐败与权力制约（修订版第二版）[M]．济南：山东人民出版社，2012.

[73] 刘昊，陈工．地方政府债务规模的决定因素：探求省际差异的来源 [J]．财政研究，2019（2）：30 - 43.

[74] 刘骅，卢亚娟．地方政府融资平台债务风险预警模型与实证研究 [J]．经济学动态，2014（8）：63 - 69.

[75] 刘慧芳．财政机会主义与完善地方政府或有债务预算管理 [J]．地方财政研究，2013（5）：55 - 59.

[76] 刘家凯．科学编制地方政府债务预算的思考 [J]．财会研究，2012（10）：13 - 15.

[77] 刘立峰，等．地方政府融资研究 [M]．北京：中国计划出版社，2011.

[78] 刘蓉，黄洪．我国地方政府债务风险的度量、评估与释放 [J]．经济理论与经济管理，2012（1）：82 - 88.

[79] 刘尚希，郭鸿勋，郭煜晓．政府或有负债：隐匿性财政风险解析 [J]．中央财经大学学报，2003（5）：7 - 12.

[80] 刘尚希，石英华，武靖州．制度主义公共债务管理模式的失灵——基于公共风险视角的反思 [J]．管理世界，2017（1）：5 - 16.

[81] 刘尚希，于国安．地方政府或有负债：隐匿的财政风险 [M]．北京：中国财政经济出版社，2020.

［82］刘尚希．地方政府债务风险不是来自债务本身［J］．中国党政干部论坛，2014（2）：68.

［83］刘尚希．关于绩效预算的几点思考［J］．地方财政研究，2019（2）：4－7.

［84］刘尚希．以拆弹的精准和耐心化解地方隐形债务风险［J］．地方财政研究，2018（8）：144－156.

［85］刘哲希，任嘉杰，陈小亮．地方政府债务对经济增长的影响——基于债务规模与债务结构的双重视角［J］．改革，2020（4）：100－115.

［86］刘子怡，陈志斌．地方政府债务规模扩张的影响研究——基于省级地方政府城投债的经验证据［J］．华东经济管理，2015，29（11）：96－101.

［87］刘子怡．政府效率与地方政府融资平台举债——基于31个省级政府财务披露信息的实证分析［J］．现代财经（天津财经大学学报），2015，35（2）：37－48.

［88］楼继伟．建立现代财政制度［N］．人民日报，2013－12－16（007）.

［89］楼继伟．中国政府间财政分权关系再思考［M］．北京：中国财政经济出版社，2013.

［90］楼继伟．财政改革发展若干重大问题研究［M］．北京：经济科学出版社，2014.

［91］［英］洛克．政府论（下篇）［M］．叶启芳，瞿菊农，译．北京：商务印书馆，1964.

［92］马蔡琛．基于政府预算视角的地方隐性债务管理［J］．财政科学，2018（5）：18－23.

［93］马海涛，曹堂哲，王红梅．预算绩效管理理论与实践［M］．北京：中国财政经济出版社，2020.

［94］马海涛，崔运政．地方政府债务纳入预算管理研究［J］．当代财经，2014（6）：23－31.

［95］马海涛，吕强．我国地方政府债务风险问题研究［J］．财贸经济，2004（2）：12－17.

［96］马金华，杨娟，梁睿聪．博弈视角下的地方政府债务管理研究

[J]. 财政金融研究, 2012, 28 (1): 128 - 132.

[97] 马骏, 侯一麟. 中国省级预算中的非正式制度: 一个交易费用理论框架 [J]. 经济研究, 2004 (10): 14 - 23.

[98] 毛捷, 韩瑞雪, 徐军伟. 财政压力与地方政府债务扩张——基于北京市全口径政府债务数据的准自然实验分析 [J]. 经济社会体制比较, 2020 (1): 22 - 33.

[99] [法] 孟德斯鸠. 论法的精神 (上册) [M]. 张雁深, 译. 北京: 商务印书馆, 1996.

[100] 宓燕. 地方政府债务绩效评价指标体系研究 [J]. 经济与管理, 2006 (12): 64 - 67.

[101] 缪小林, 伏润民. 权责分离、政绩利益环境与地方政府债务超常规增长 [J]. 财贸经济, 2015 (4): 17 - 31.

[102] 缪小林, 伏润民. 我国地方政府性债务风险生成与测度研究——基于西部某省的经验数据 [J]. 财贸经济, 2012 (1): 17 - 24.

[103] 缪小林, 伏润民. 我国地方政府债务可持续性测度研究——基于单一主体模型分析 [J]. 当代财经, 2014 (8): 30 - 40.

[104] 缪小林. 防范中国地方政府债务风险的制度思考——基于"权、责、利"关系的分析 [J]. 当代经济管理, 2016 (6): 80 - 86.

[105] [美] 诺斯. 理解经济变迁过程 [M]. 北京: 中国人民大学出版社, 2014.

[106] 欧阳胜银, 蔡美玲. 地方隐性债务规模的统计测度研究 [J]. 财经理论与实践, 2020, 41 (2): 77 - 83.

[107] 庞保庆, 陈硕. 央地财政格局下的地方政府债务成因、规模及风险 [J]. 经济社会体制比较, 2015 (5): 45 - 57.

[108] 裴育, 欧阳华生. 我国地方政府债务风险预警理论分析 [J]. 中国软科学, 2007 (3): 110 - 119.

[109] 平新乔. 财政原理与比较财政制度 [M]. 上海: 三联书店上海分店、上海人民出版社, 1995.

[110] 秦凤鸣, 李明明, 刘海明. 房价与地方政府债务风险——基于城

投债的证据［J］．财贸研究，2016，27（5）：90－98．

　　［111］邱栎桦，伏润民，李帆．经济增长视角下的政府债务适度规模研究——基于中国西部 D 省的县级面板数据分析［J］．南开经济研究，2015（1）：13－31．

　　［112］全国人大常委会预算工作委员会调研组．关于规范地方政府债务管理工作情况的调研报告［J］．中国人大，2016（5）：19－23．

　　［113］沈丽，刘媛，刘华军，李文君．地方政府债务风险的空间溢出及其解释——基于关系数据的研究［J］．财政研究，2019（3）：79－92．

　　［114］沈雨婷，金洪飞．中国地方政府债务风险预警体系研究——基于层次分析法与熵值法分析［J］．当代财经，2019（6）：34－46．

　　［115］审计署．全国地方性政府审计结果，2013 年第 35 号审计公告．

　　［116］［美］斯蒂格利茨．公共部门经济学［M］．北京：中国人民大学出版社，2013．

　　［117］宋樊君．基于效率最优视角下地方政府债务效率研究［J］．辽宁大学学报（哲学社会科学版），2018，46（3）：40－52．

　　［118］宋军．地方融资平台债务管理研究［M］．北京：中国金融出版社，2015．

　　［119］宋美喆，徐鸣鹤．财政竞争视角下的地方政府债务研究［J］．财经理论与实践，2017，38（3）：91－96．

　　［120］苏东斌．当代中国经济思想史断录［M］．北京：社会科学文献出版社，2009．

　　［121］苏英．非均衡分税体制下我国地方政府债务风险评价与风险［M］．北京：经济科学出版社，2019．

　　［122］孙玉栋，吴哲方．我国预算执行中超收超支的形成机制及治理［J］．南京审计学院学报，2012（4）：1－12．

　　［123］田新民，夏诗园．地方政府债务风险影响研究——基于土地财政和房地产价格的视角［J］．山西财经大学学报，2017，39（6）：26－38．

　　［124］田新民，夏诗园．新常态背景下地方政府债券置换研究［J］．当代经济管理，2016（11）：93－97．

[125] 同生辉，李燕．论地方政府性债务预算管理的风险控制及改进对策 [J]．经济学动态，2014（7）：70-76.

[126] [法] 托克维尔．论美国的民主（上卷）[M]．董果良，译．北京：商务印书馆，1988.

[127] 王桂花，许成安．新型城镇化背景下地方政府债务风险动态管理研究——理论分析与模型构建 [J]．审计与经济研究，2014，29（4）：71-80.

[128] 王俊．地方政府债务的风险成因、结构与预警实证 [J]．中国经济问题，2015（2）：13-25.

[129] 王昆，宋海洲．三种客观权重赋权法的比较分析 [J]．技术经济与管理研究，2003（6）：48-49.

[130] 王淑梅，考燕鸣．试论构建地方政府债务绩效考核指标体系 [J]．改革与战略，2008（4）：26-28.

[131] 王婷婷．财政责任视野下地方政府债务治理研究 [M]．北京：中国法制出版社，2017.

[132] 王秀杰，马树来．地方政府债务管理问题研究 [J]．沈阳农业大学学报（社会科学版），2008（3）：274-276.

[133] 王秀芝．从预算管理流程看我国政府预算管理改革 [J]．财贸经济，2015（12）：22-34.

[134] 王旭坤．中国地方政府举债权研究 [M]．北京：法律出版社，2016.

[135] 王银梅，陈志勇．地方政府性债务预算管理研究 [J]．经济研究参考，2016（32）：29-40.

[136] 王银梅，陈志勇．加强地方政府性债务预算管理的思考 [J]．当代财经，2016（9）：32-42.

[137] 王永钦，陈映辉，杜巨澜．软预算约束与中国地方政府债务违约风险：来自金融市场的证据 [J]．经济研究，2016，51（11）：96-109.

[138] 王振宇，连家明，郭艳娇，陆成林．我国地方政府性债务风险识别和预警体系研究——基于辽宁的样本数据 [J]．财贸经济，2013（7）：17-28.

［139］王志浩，申岚，李炜，Dorris Chen，David Yin，Jennifer Law．中国地方政府性债务规模估算［J］．金融发展评论，2013（12）：32－41．

［140］王周伟，赵启程，李方方．地方政府债务风险价值估算及其空间效应分解应用［J］．中国软科学，2019（12）：81－95．

［141］魏加宁，宁静，朱太辉．我国政府性债务的测算框架和风险评估研究［J］．金融监管研究，2012（11）：43－59．

［142］魏蓉蓉，李天德，邹晓勇．我国地方政府PPP隐性债务估算及风险评估——基于空间计量和KMV模型的实证分析［J］．社会科学研究，2020（2）：66－74．

［143］吴洵，俞乔．地方政府债务风险溢价研究［J］．财政研究，2017（1）：89－102，113．

［144］谢虹．地方政府债务风险构成及预警评价模型构建初探［J］．现代财经（天津财经大学学报），2007（7）：63－65．

［145］谢旭人．中国财政60年（上卷）［M］．北京：经济科学出版社，2010．

［146］徐家杰．对分税制改革以来我国地方政府债务规模的估计——以浙豫疆三省区为例［J］．经济理论与经济管理，2014（9）：15－25．

［147］［英］亚当·斯密．国民财富的性质和原因的研究［M］．北京：商务印书馆，1983．

［148］杨灿明，鲁元平．地方政府债务风险的现状、成因与防范对策研究［J］．财政研究，2013（11）：58－60．

［149］杨灿明，鲁元平．我国地方债数据存在的问题、测算方法与政策建议［J］．财政研究，2015（3）：50－57．

［150］杨华，肖鹏．日本解决地方财政困境的改革措施与启示［J］．经济理论与经济管理，2011（10）：99．

［151］杨华．日本政府预算制度［M］．北京：经济科学出版社，2016．

［152］杨婷婷．我国地方政府债务风险管理研究［D］．北京：国家行政学院，2019．

［153］杨亚军，杨兴龙，孙芳城．基于风险管理的地方政府债务会计系

统构建 [J]. 审计研究, 2013 (3): 94 – 101.

[154] 尹世芬, 罗志恒. 中国地方政府性债务风险、成因与治理路径 [J]. 经济与管理研究, 2013 (5): 119 – 123.

[155] 于凌云. 经济增长过程中的地方政府债务风险化解机制研究——基于某市地方政府债务问题的调查分析 [J]. 财政研究, 2008 (3): 64 – 67.

[156] 余海跃, 康书隆. 地方政府债务扩张、企业融资成本与投资挤出效应 [J]. 世界经济, 2020, 43 (7): 49 – 72.

[157] 苑梅: 地方政府融资缺口与新型城市化融资 (PPP) [M]. 辽宁: 东北财经大学出版社, 2017.

[158] [英] 约翰·穆勒. 政治经济学原理及其在社会哲学上的若干应用 [M]. 北京: 商务印书馆, 1991。

[159] 张海星. 财政机会主义与政府或有债务的预算管理 [J]. 财政研究, 2007 (11): 20 – 22.

[160] 张雷宝. 地方政府公共支出绩效管理研究 [M]. 杭州: 浙江大学出版社, 2010.

[161] 张平, 周全林. "十三五" 时期我国地方政府性债务风险的预测与监控 [J]. 当代财经, 2017 (2): 22 – 30.

[162] 张文君. 地方政府债务扩张之谜: 内因还是外因 [J]. 西安财经学院学报, 2012, 25 (6): 5 – 9.

[163] 张亚秋. 美国市政债券监管体系及其对我国地方政府资助发债监管的启示 [J]. 金融监管研究, 2014 (6): 71 – 83.

[164] 张延, 赵艳朋. 预算软约束与我国地方政府债务 [J]. 经济问题探索, 2016 (4): 8 – 13.

[165] 张志超, 倪志良. 现代财政学原理 (第五版) [M]. 天津: 南开大学出版社, 2015.

[166] 张志超. 美国政府绩效预算的理论与实践 [M]. 北京: 中国财政经济出版社, 2006.

[167] 张子荣. 我国地方政府债务风险研究——从资产负债表角度 [J]. 财经理论与实践, 2015, 36 (1): 95 – 99.

［168］赵爱玲，李顺凤．地方政府债务绩效审计质量控制评价指标体系研究［J］．西安财经学院学报，2015，28（2）：34－38.

［169］赵桂芝，冯海欣．新预算法下我国地方政府债务使用绩效的区域差异与对策启示［J］．辽宁大学学报（哲学社会科学版），2019，47（2）：38－46.

［170］赵剑锋．省级地方政府性债务风险测度、分解与归因——基于2014 年省级地方债审计的因子—聚类分析［J］．经济经纬，2016，33（3）：144－149.

［171］赵全厚，高娃，匡平．地方政府债务应纳入资本预算——美国地方政府债务资本项目融资管理的启示［J］．地方财政研究，2016（3）：39－44.

［172］赵全厚，孙昊扬．我国政府债务概念辨析［J］．经济研究参考，2011（10）：42－45.

［173］赵如波，田益祥．地方政府竞争与地方政府债务使用效率的非线性关系——来自省级面板数据的经验证据［J］．技术经济，2018，37（4）：121－130.

［174］郑洁，寇铁军．地方政府性债务预算的框架设计与实现路径选择［J］．财政研究，2014（7）：23－25.

［175］郑洁，昝志涛．地方政府隐性债务风险传导路径及对策研究［J］．宏观经济研究，2019（9）：58－66.

［176］仲凡．基于风险与绩效相关的地方政府性债务管理研究［J］．财政研究，2017（3）：20－32.

［177］周浩坤．地主政府债务风险的表现形式、成因及对策［J］．经济管理，2004（23）：35－37.

［178］周孝华，周青，等．地方政府投融资平台风险管理——基于重庆市投融资平台的实证研究［M］．北京：经济管理出版社，2012.

［179］周沅帆．城投债——中国式市政债券［M］．北京：中信出版社，2010.

［180］朱大兴，郭志强．关于建立地方政府债务预算的构想［J］．财政

研究，2001（12）：75 – 76.

［181］朱军. 地方政府债务预算的困境拜托与策略选择［J］. 改革，2012（10）：51 – 56.

［182］Angela, K. , Gore, Kevin, Sachs, Charles, Trzcinka. Financial Disclosure and Bond Insurance［J］. The Journal of Law & Economics, 2004, 47（1）：275 – 306.

［183］Arellano, M. , Bover, O. Another Look at the Instrumental Variable Estimation of Errorcomponents Models［J］. Journal of Econometrics, 1995, 68（1）：29 – 51.

［184］Arthur, W. B. Competing Technologies, Increasing Returns and Lock-in by Historical Events［J］. The Economic Journal, 1989, 99（3）：116 – 131.

［185］Arvind Krishnamurthy. How Debt Markets Have Malfunctioned in the Crisis［R］. National Bureau of Economic Research, 2009（11）.

［186］Bailey, Robert. The Crisis Regime：The MAC, the EFCB, and the Political Impact of the New York City Financial Crisis［M］. Albany：State University of New York Press, 1984.

［187］Blundell, R. , Bond, S. Initial Conditions and Moment Restrictions in Dynamic Panel Data Models［J］. Journal of Econometrics, 1998, 87（1）：115 – 143.

［188］Bommer, Julian Spence, Robin, Erdik, Mustafa, et al. Development of an earthquake loss model for Turkish catastrophe insurance［J］. Journal of Seismology, 2002, 6（3）：431 – 446.

［189］Carmen M. Reinhart, Kenneth S. Rogoff. A Decade of Debt［R］. NBER Working Paper Series, 2011（2）.

［190］Carmen M. Reinhart, Kenneth S. Rogoff, Miguel A. Savastano. Debt Intolerance［R］. NBER Working Paper Series, 2003（8）.

［191］Carolyn M. Callahan, Doris M. Cook. An Examination of the Effects of Budgetary Control on Performance：Evidence from Cities［R］. AAA 2008 MAS Meeting Paper, 2007（11）.

［192］Carolyn, M. , Callahan, Tammy, Renea, Waymire. An Examination of the Effects of Budgetary Control on Performance：Evidence from the Cites ［R］. MAS Meeting Paper, 2007.

［193］Cassard, Marcel, Folkerts-Landau, David. Risk Management of Sovereign Assets and Liabilities ［R］. IMF Working Paper, 1997：23 – 25.

［194］Cuff, J. Accountability and Efficiency in Smith R and Weller P CEds ［M］. University of Queensland Press, 1978.

［195］Currie, Elizabet, Dethier, Jean-Jacques, Togo, Eriko. Institutional Arrangements for Public Debt Management ［R］. The World Bank Working Paper, 2003：98 – 114.

［196］Dafflon, Bernard, Beer-Toth. Krisztina：Managing Local Public Debt in Transition Countries：An Issue of Self-Control ［J］. Financial Accountability & Management, 2009, 25 (3)：305.

［197］Dafllon, B. , Toth, K. B. Managing Local Public Debt in Transition Countries：An Issue of Self-control ［J］. Financial Accountability & Management, 2009, 25 (3).

［198］Daniel Bergstresser, Randolph B. Cohen. Why Fears about Municipal Credit are Overblown ［R］. Harvard Business School Financial Working Paper, No. 1836678, 2011 (4).

［199］David, P. A. Clio and the Economics of QWERTY ［J］. American Economic Review, 1985, 75 (2)：332 – 337.

［200］Easterly, William, Yuravlivker, David. Evaluating Government Net Worth in Colombia and Republica Bolivariana de Venezuela ［M］. Oxford University Press, 2002.

［201］Farnham, P. G. Re-Examining Local Debt Limits：A Disaggregated Analysis ［J］. Southern Economic Journal, 1985, 51 (4)：1186 – 1201.

［202］Freire, M. , Petersen, J. Subnational Capital Markets in Developing Countries ［M］. World Bank and Oxford University Press, 2003.

［203］Gijsel, P. de, Schenk, H. Macroeconomics of Fiscal Policy And Government Debt〔J〕. Multidisciplinary Economics, 2005: 187 - 208.

〔204〕Gitlin, Richard A. , Brian, N. , Watkins. Institutional Alternatives to Insolvency for Developing Countries〔R〕. Paper Presented at the Conference Building Effective Insolvency System, 1999.

〔205〕Henmanta K. Pradhan, Local Government Finance and Bond MarketsFinancing: India. Commercialization and Private Sector Participation (Charpter III)〔R〕. Asian Development Bank Report, 2003.

〔206〕Ianchovichina, Elena, Liu, Nagarajan, Mohan. Subnational Fiscal Sustainability Analysis: What Can We Learn From Tamil Nadu〔R〕. World Bank Policy Research Working Paper, 2006.

〔207〕Ingram, R. W. , Copeland, R. M. Municipal Accounting Information and Voting Behavior〔J〕. The Accounting Review, 1981 (4): 830 - 843.

〔208〕Inman, Robert, Transfers and Bailouts: Enforcing Local Discipline with Lessons from U. S. Federalism〔R〕. Fiscal Decentralization and the Challenge of Hard Budget Constraints, Cambrid, 2003.

〔209〕Inman, R. P. , Transfers and bailouts: Enforcing local fiscal discipline with lessons from U. S. Federalism〔A〕. In Rodden, J. , Eskeland, G. S. and Litvack, J. , (Eds.), Fiscal Decentralization and the Challenge of Hard Budget Constraints〔C〕. Cambridge: MIT Press, 2003.

〔210〕James, M. , Poterba, Kim, S, Rueben, State Fiscal Institutions and the U. S. Municipal Bond Market〔R〕. NBER Working Paper Series, No. 6237, 1991.

〔211〕Jeffrey A. Franker. Over-Optimism in Forecasts by Official Budget Agencies and its Implications National Bureau of economic Research, 2011 (7).

〔212〕Jess Cornaggia, Kimberly J. Cornaggia, and John E. Hund. Credit Ratings across Asset Classes: A 三 A?〔R〕. Working Paper Series, 2011 (10).

〔213〕Kieweit, R. , Szakaly, R. Constitutional Limitation on Borrowing: An Analisis of State Bonded In debtedness Journal of Law〔J〕. Economics and Organization, 1996, 12 (1): 62 - 97.

［214］ Kilpatrick, A. Transparent Frameworks, Fiscal Rules ［R］. Proceeding of a Research Department Public Finance Workshop, 2001.

［215］ KMV. KMV and Credit Metrics ［R］. San Francisco, KMV Corporation, 1997.

［216］ Kruger, Coen. Valuing and Managing Risk Associated with Government Contigent Liabilities ［R］. The World Bank, 1998, 6 (1): 13 – 19.

［217］ Kumar, M. S. , Woo, J. Public Debt and Growth ［J］. Economica, 2010, 10 (174): 9 – 13.

［218］ Kupetz, S. D. Municipal debt adjustment under the bankruptcy code ［J］. The Urban Lawyer, 1995, 27 (3): 532.

［219］ Lane, T. D. Market Discipline ［J］. International Monetary Fund Staff Papers, 1997 (40): 53 – 88.

［220］ Lawrence E. Harris, Michael S. Piwowar. Municipal Bond Liquidity ［J］. the Securities and Exchange Commission, 2004 (2).

［221］ Liu, L. , Pradelli, J. Financing Infrastructure and Monitoring Fiscal Risks at the Subnational Level ［R］. The World Bank Policy Research Working Paper, No. 6069, 2012.

［222］ Liu, lili, and Michael, Waibel. Infrastructure Finance, Debt Restrictions, and Subnational Debt Market: Lessons from the United States ［R］. World Bank. Washington D. C. , 2008.

［223］ Liyu Zeng. Chinese Bond Markets-An Introduction ［J］. Standard & Poor's, 2009 (3).

［224］ Ma, Jun. Monitoring Fiscal Risks of Subnational Governments: selected Country Experiences ［M］. The World Bank and Oxford University Press, 2002.

［225］ McNab, R. M. , Melese, F. Implementing the GPRA: Examining the Prospects for Performance Budgeting in the Federal Government ［J］. Public Budgeting & Finance, 2003, 23 (2): 73 – 95.

［226］ Mellor. Why Governments Should Produce Balance Sheet ［J］. Australian Journal of Public Administration, 1995, 55, (1): 78 – 81.

[227] Merton, R. C. On the Pricing of Corporate Debt: The Risk Structure of Interest Rate [J]. Journal of Finance, 1974, 29 (2): 449 –470.

[228] Mikesell, John L. Fiscal Administration: Analysis and Applications for the Public Section [R]. Wadsworth Publishing, 2002: SO –101.

[229] Missale, Alessandro, Fiavazzi, Francesco, Henigno, Pierpaolo, Managing the Public Debt Fiscal Stabilizations Evidence [R]. NBER Working Paper Series, National Bureau of Economic Research, 1987: 6311 –6327.

[230] Mody, A., Patro, D. K. Valuing and Accounting for Loan Guarantees [J]. The World Bank Research Observer, 1996, 11 (1): 119 –142.

[231] Musgrave liu, Michael, Waibel. Sub-national Insolvency: Cross-Country Experiences [R]. World Bank Policy Research Working Paper, 2009.

[232] Norbert Gaillard, The Determinants of Moody's Sub-Sovereign Ratings [J]. International Research Journal of Finance and Economics, 2009

[233] North D. C. Institutions, Institutional Change and Economic Performance [M]. Cambridge: Cambridge University Press, 2009.

[234] Polackova Hana, Contingent Government Liabilities: A Hidden Risk for Fiscal Stability [R]. Policy Research Working Paper Series, World Bank, 1998.

[235] Shah A. Expenditure Assignment, Intergovernmental Fiscal Relations and Local Financial Management Program [R]. World Bank, 2004.

[236] Shih V. Local Government Debt [J]. China Economic Quarterly, 2010 (6).

[237] Singh R. J., A. Plekhanov. How Should Subnational Government Borrowing be Regulated: Some Cross-Country Empirical Evidence [R]. IMF Working Paper, 2005.

[238] Swianiewicz P. Local Government Borrowing: Risks and Rewards [J]. Open Society Institute, 2004,

[239] Teresa Ter-Minassian, Decentralization and Macroeconomic Management [R]. IMF Working Paper WP/97/155, 1997.

[240] Teresa Ter-Minassian. Fiscal Federalism in Theory and Practice [R].

IMF, 1997 (157).

［241］Vo D. H. The Economics of Fiscal Decentralization ［J］. Journal of E-conomic Surveys, 2010 (24).

［242］Willoughby, K. G. , Melkers, J. E. Implementing PBB: Conflicting Views of Success ［J］. Public Budgeting & Finance, 2000, 20 (1): 105 – 120.

［243］Zhou Nianlin, Cai Weihon, Chen Duowen, Xu Kun. Managing Debt Risk Accumulation: Empirical Study on the Debt Consequences of Local Government Guarantee From China ［J］. International Business and Management, 2018, 16 (1): 52 – 60.